Mujeres conscientes

MUJERES CONSCIENTES
es editado por
EDICIONES LEA S.A.
Av. Dorrego 330 C1414CJQ
Ciudad de Buenos Aires, Argentina.
E–mail: info@edicioneslea.com
Web: www.edicioneslea.com

ISBN 978-987-718-645-1

Primera edición. Impreso en Argentina.
Esta edición se terminó de imprimir en
diciembre de 2019 en Arcángel Maggio - División Libros.

Echegoyen, Agustina
   Mujeres conscientes : 10 movimiento para la plenitud / Agustina Echegoyen.
- 1a ed . - Ciudad Autónoma de Buenos Aires : Ediciones Lea, 2019.
   256 p. ; 23 x 15 cm. - (Armonía)

   ISBN 978-987-718-645-1

   1. Filosofía Yoga. 2. Bienestar. 3. Mujeres. I. Título.
   CDD 181.45

Agustina Echegoyen

Mujeres conscientes

Diez movimientos para la Plenitud

A mi mamá, mi inspiración
de todos los días, mi
ángel guardián.

A mi hermana, mi cómplice,
mi alma gemela incondicional.

A mi papá, mi cable a
tierra, mi apoyo siempre.

A ti, que me estás
acompañando en este camino
de búsqueda y consciencia.

Mujeres Conscientes de Agustina Echegoyen es un camino por diez movimientos para que las mujeres puedan encontrar las claves para integrarse consigo mismas y con el mundo que las rodea. El libro explora qué significa para las mujeres que viven en el contexto global actual proponerse intenciones claras y prestar atención a la plenitud de la vida, en todas sus fases. También reconoce el valor de mantener una conexión profunda con la naturaleza y el imperativo de que todos reconozcamos cómo nuestras propias acciones afectan la salud del planeta.

Janet Stone

Profesora de Yoga Global que fomenta y trabaja
profundamente la respiración.
Con base en San Francisco, organiza encuentros
de yoga alrededor de todo el mundo.

Ante todo, conscientes

No sé si hay un punto exacto, un momento determinado o hecho puntual al que le pueda adjudicar el ser el hito de transformación en un ser más consciente.

Sólo sé que hoy existe en mí un tamiz que uso para mirar las cosas que hice, para accionar mis deseos del aquí y el ahora, y para proyectar mis pasos futuros.

Un tamiz que no se va ni cuando cierro los ojos, que simplemente está y por el que las cosas pasan automáticamente cuando es necesario. Un filtro que tiene que ver con darme el espacio emocional para conocerme y mirarme de frente, un espacio temporal para no apurar los procesos, un espacio material para expresar mis sentimientos.

Soy consciente de que mis actos tienen consecuencias. Lo que pienso, lo que digo, lo que como, lo que siento, impactan en una parte de mí y también en otros.

Soy consciente de que soy la primera barrera de mis deseos y la primera trinchera de mis expectativas.

Soy consciente de que soy el mismísimo manantial de donde emerge el amor con el que me miro al espejo, con el que dejo ser a otros, con el que me abro a lo distinto.

Soy consciente de que no puedo cambiar lo que ya pasó pero que todo eso es el aprendizaje más hermoso que la experiencia puede darme.

Ser conscientes, definitivamente, es un camino de ida, que se tiene que elegir transitar y que requiere fuerza, tiempo y ganas.

Marou Rivero

"El verdadero viaje
del aprendizaje no
consiste en buscar
nuevos paisajes
sino en mirar con
nuevos ojos".

Marcel Proust

Introducción

¡Hola! Soy Agustina Echegoyen, *Agus*, como me dicen mis amigos. Nací en Mar del Plata, muy cerca del mar, donde siempre me gusta estar, y tengo 31 años. Después de ir al colegio en mi ciudad y vivir una infancia muy plena junto a mi familia y amigos, me mudé a Buenos Aires. Recuerdo el momento en el que tuve que tomar esa decisión. Mi papá me preguntó: "Agus, ¿vas a seguir viviendo en Mar del Plata con nosotros, para seguir surfeando, o vas a vivir a Buenos Aires para estudiar tu carrera en una buena universidad y nos vamos a surfear todos los años a algún lado?". Pensé mucho en esa pregunta y, finalmente, decidí que nuestra capital sería el mejor destino para formarme profesionalmente.

Me recibí de Licenciada en Comunicación Social en la Universidad de San Andrés. Mi especialicé en el área institucional, es decir, en todo lo relacionado con lo corporativo, el marketing, la administración y el comportamiento organizacional. Luego, realicé un intercambio universitario en el Reino Unido, en *University of Westminster*. Debido a que esta experiencia resultó rica e interesante para mí, volví a Londres a estudiar moda en *Conde Nast College of Fashion*, la editorial de la revista *Vogue*.

Al comienzo de mi estadía allí, trabajé en la Embajada Argentina como asistente de prensa. Era muy joven todavía y ese lugar representaba un desafío muy grande. Me sentía presionada y con una adrenalina enorme porque estaba rodeada de personas muy influyentes de la política y la cultura argentinas. Me tocaba trabajar con la embajadora Alicia Castro, una persona que me enseñó muchísimo. Ella confiaba en mí y eso fue muy importante porque empecé a creer en mi capacidad profesional. Asistía al jefe de prens a y parte de mis tareas implicaban un constante contacto con comunicados, noticias, conferencias, reuniones y llamados de presidencia.

Recuerdo una ocasión en la que el ex canciller Héctor Timerman vino a la Embajada durante el referéndum de Malvinas y yo era la encargada de hacerle llegar las noticias, de coordinar las reuniones importantes y de manejar información confidencial.

Como responsable de una función de tanto compromiso, aprendí a trabajar, a cumplir con las obligaciones, a verme siempre impecable, todo lo que me hacía sentir aún más presión. También, me di cuenta de que todo era posible, de que podía conocer a quien sea y estar donde quisiera.

A partir de entonces, mi camino laboral se hizo cada vez más diverso. Trabajé en una agencia de prensa en Londres como asistente de Charlotte Hayes Jones, una publicista prestigiosa quien me enseñó muchísimo. Ella había sido novia del actor Jude Law y entre las cuentas que manejaba estaba la de Ronnie Wood, Bill Whyman y The Kooks. Con ella conocí y recorrí los lugares más exclusivos de Londres y tuve oportunidad de conocer un mundo que admiraba. Sentía que no podía estar en un mejor lugar. Para mí, en ese momento, la vida circulaba por ese camino, por estar en la cresta de la ola, en lo más alto que podía imaginarme. Creía que el éxito era eso y que lo había alcanzado.

Más tarde trabajé en firmas exclusivas como *Ralph Lauren*, *Tom Ford, Nicholas Kirkwood,* también en Londres. Seguía rodeándome de un círculo selecto y me sentía bien. Un día, mientras trabajaba en Ralph Lauren, me acuerdo que le tuve que armar un perchero a Kate Middleton y al príncipe William. En otra ocasión, organicé una prueba de vestuario para Eddie Redmayne de *Les Miserables.* Observaba todo aquello con profunda admiración, pero a la vez me sentía parte de ese mundo mágico que me rodeaba. Pero, poco a poco, aquel glamour deslumbrante comenzaría a opacarse. Fuera del set, la vida empezaba a plantearme otras preguntas.

Durante mi paso en la agencia Tom Ford, en una oportunidad me tocó subir en el ascensor con el mismo Tom. El creador de la marca estaba ahí, a mi lado, y el tiempo pareció detenerse. Fueron los dos minutos más largos de mi vida, pero una vez que la puerta se abrió la presión de la perfección me devolvió a la realidad. Para él trabajar implicaba que todo debía estar brillante e impecable: desde la decoración del escritorio hasta mi misma persona. Y entonces pude ver que yo formaba parte de las cosas bellas que conformaban un todo de perfección y elegancia. Si bien no me sentía una cosa, algo en el orden de mis prioridades no estaba funcionando bien. Y esto empezaba a darme síntomas.

En esos años de mi vida no era muy consciente, no estaba en contacto con mi cuerpo, solo me importaba lucir linda ropa, verme espléndida y sonreír. Entonces, si todo era tan perfecto ¿de qué se trataba esa sensación que empezaba a incomodarme?

Tiempo después, trabajé en una marca de ropa cuya sede central estaba en *Notting Hill*, en el medio de *Portobello Road*. En los ratos en los que no trabajaba, aprovechaba para recorrer los mercados, la calle llena de puestos callejeros en los que se podía comprar desde ropa hasta fruta fresca o chocolate. Fue entonces que empecé a conectarme con una nueva Agus. Disfrutaba mucho de pasear por esas calles llenas de casas coloridas y cosmopolitas. Aquello me levantaba el humor, era un lugar soñado y, para completar el bello cuadro, mi oficina quedaba en el altillo de una antigua iglesia.

Todo iba bien, tenía un puesto de trabajo próspero y desafiante. Siempre había trabajado en prensa, pero en este nuevo rol comprobé que era buena para las ventas. Podía ganar comisiones importantes y mi relación con los clientes era excelente; confiaban en mí. Vendíamos colecciones *fast fashion* cada seis semanas. Yo no estaba muy enterada de cómo producíamos ni en qué condiciones. Mi vida se basaba en ir a trabajar todo el día, tratar de llegar al gimnasio para hacer mis rutinas de ejercicios, salir con amigos, organizar viajes los fines de semanas y compartir mi tiempo con mis dos mejores amigas con quienes vivía y quienes eran para mí un gran sostén. Todo parecía ir bastante bien hasta el momento. Había alcanzado una suerte de felicidad estable y placentera, pero nunca nada permanece quieto, inmutable, sin cambio. Entonces no lo sabía. Ahora sí lo sé.

Un día, recibí una llamada telefónica de mi papá diciéndome que tenía que volver a Argentina porque mi mamá estaba muy enferma. No. Eso no podía estar pasando, no mi mamá, no mi Irene. Si existía en este mundo una persona con una espiritualidad trabajada y pura, esa era mi mamá. Maestra de reiki, terapeuta transpersonal, coordinadora de constelaciones familiares y un ser único, esa era mi mamá. "¿Por qué a ella?", pensé. ¿Por qué alguien que podía pensar en todos y sentir empáticamente el dolor de los otros podía enfermar? ¿Por qué la muerte la elegía a ella que había dedicado gran parte de su vida a curar el alma de los demás? Nada tenía sentido o al menos uno que pudiera entender sin enojarme.

Tomé el primer vuelo de la mañana. Me sentía como un autómata.

Cuando llegué a Mar del Plata, más precisamente a Sierra de los Padres, donde ella vivía, no entendía nada, había mucha información que desconocía. Mamá no se mostraba del humor de siempre, parecía contenta de verme, pero no podía expresarlo.

Los días pasaban y eran muy difíciles; el tiempo se esfumaba entre los dedos de los que la rodeábamos y cuidábamos con amor. "¿Será que el amor no alcanza?", me preguntaba. Día a día mi madre se sentía peor hasta que, al poco tiempo, me confirmaron que su enfermedad era terminal y que tan solo le restaban unos días de vida.

Solo un médico, entre todos los que habíamos consultado, tenía fe de que podría seguir adelante. En el fondo yo sabía que sería muy difícil, y ella también lo sabía. Cuando venían a hacerle estudios casi siempre nos decían que no había mejoras. Yo me vestía del mejor humor posible, la animaba, le cocinaba, le daba sus medicamentos. Mi vida estaba entregada a ella y a mi trabajo porque, mientras esto ocurría, por algún motivo yo seguía sosteniendo ese otro mundo. Cuando atravesamos situaciones críticas se produce ese raro cruce en el que las cosas cotidianas comienzan a ser extrañas y lo singular se hace cotidiano. Para mí, la enfermedad de mi madre era lo único que estaba pasando.

Aquellas fueron las tres semanas más duras y difíciles de mi vida. Mis amigas venían a visitarme para distraerme un poco, pero cada vez que me alejaba de la casa de mi mamá me preocupaba tanto que algo pudiera pasarle en mi ausencia que la desesperación y la angustia me hacían volver rápidamente a su lado. Solo quería estar con ella.

A medida que pasaban los días, mamá iba perdiendo fuerza. Yo era sus brazos, sus manos, sus ojos, sus oídos. Hacía todo con amor, pero con mucha, mucha tristeza.

Hay un lugar muy especial para mí en Sierra de los Padres que se llama la "Gruta de los Pañuelos". Es un sitio santo y algo místico donde la gente deja pañuelos atados pidiendo deseos. Caminaba hasta allí casi todos los días y, pañuelo en mano, pedía por ella. No entendía lo que estaba pasando, me sentía sola y empecé a sentir, a distinguir con alguna claridad, que estaba viviendo muy desconectada de mí misma, de mi ser.

Este fue el principio de mi cambio. En ese momento central de mi vida me replanteé el desafío de vivir de una manera más consciente.

Al ver cómo la vida puede terminar tan rápido y que nuestro tiempo es tan único como valioso, me preguntaba si estaba haciendo lo que realmente me hacía feliz, si estaba ayudando a alguien, si me estaba cuidando, escuchando, si me quería a mí, si realmente mi trabajo era lo más importante.

La muerte de un ser querido resignifica todo, lo revisa, lo pone a prueba. Aquellas cosas que llenan nuestras expectativas de vida en un momento caen como un telón frente a nuestros ojos para revelarnos una verdad, la nuestra.

En la etapa final de su enfermedad, mamá quería que yo durmiera con ella todas las noches. Tenía mucho miedo de que muriera, por eso me quedaba despierta a su lado toda la noche. No podía dormir, aunque quisiera. Empecé a tomar pastillas para poder hacerlo y fueron parte de mi vida durante los siguientes tres meses. No podía más, había llegado al límite de mi fuerza espiritual.

Un día me desperté y pensé en la situación. Más aún, la sentí. No era muy consciente en ese momento, no podía mirar nada desde afuera. Me di cuenta de que mamá estaba sufriendo mucho y que no quería seguir así. Entonces comencé a soltarla, a dejarla ir. Le dije que aceptaba lo que fuera a pasar porque no quería que esté mal, no quería verla sufrir. Fue muy duro decirlo porque se trataba de mi mamá, pero así lo veía, no encontraba otra solución. Habíamos hecho planes, teníamos sueños en común como viajar a Bali y aprender yoga juntas, madre e hija, pero todo eso se alejaba de mí.

Una mañana llamé a Jade, una íntima amiga. Con ella había compartido mucho tiempo porque su madre había padecido la misma enfermedad que la mía y había fallecido tres meses antes de esa conversación. Fue mi sostén, mi bastón emocional. En los momentos difíciles, cuando pensaba en ella, sentía que había una luz al final de ese túnel oscuro, ella me daba la certeza de que la vida seguía más allá de las pérdidas. Compartimos muchas conversaciones y ahora pienso que no sé qué hubiese sido de mí si ella no me hubiera acompañado. Recuerdo como si fuera hoy cuando la llamé y le dije: "Jade, mamá no puede más, no quiere vivir más". Fue en ese momento en el que empecé a caer en un pozo sin fin.

Al día siguiente, falleció.

Fue el momento más terrible de mi vida.

En los instantes previos me acosté en su cama como una niña y le pedí que por favor me dijera algo que pudiera guiarme. No me imaginaba la vida sin sus consejos, sin su presencia. Con las últimas fuerzas que le quedaban me dijo: "Sé una mujer adulta, desenvolvete".

Una y otra vez repito como un mantra esas palabras, que fueron para mí su último regalo.

Durante los días finales no sentía, trataba de no llorar para que mamá no se pusiera triste, me escondía de mis sentimientos. Solo empecé a mostrar mi tristeza cuando mamá se fue. Al principio no reaccionaba, estaba tan triste que no podía hacer nada. Poco a poco empecé a llorar, y llorar, y llorar. Lloraba por cualquier cosa, todos los recuerdos venían a mí incesantemente, uno detrás de otro, como las olas de un mar en calma.

Escribir esta parte de mi historia inevitablemente me conecta con aquellas emociones que despiertan en mí casi con la misma fuerza de entonces. Y te confieso que no me es nada fácil hacerlo, pero respiro hondo y te lo comparto para decirte que se puede salir fortalecida de las pérdidas y de los dolores más profundos de la vida. Creo que uno de los mayores aprendizajes es no dejar nada para después, porque el mejor momento es el aquí y ahora, y que en esos instantes en los que más necesitas de la presencia o el consejo de un ser querido es importante que sepas que ante todo te tienes a ti.

Mamá era mi cómplice, no le ocultaba nada, ella era mi sostén y, sin embargo, de un día para el otro, esa mujer tan fuerte dejó de estar cerca mío para darme sus consejos. Hoy, cada vez que la vida me pone en situaciones difíciles pienso en ella y me imagino su opinión, y es parte de su fuerza poderosa la que me sigue acompañando como un abrazo invisible y perdurable.

Mi pérdida personal fue el inicio de una nueva relación conmigo misma. Tenemos muchas oportunidades y no vale la pena permitir que otros hagan con nuestro tiempo lo que ellos quieran. Desde entonces y hasta hoy, tomé decisiones importantes como correrme de relaciones que no me hacían bien. Unas pocas semanas después de su partida decidí renunciar a mi trabajo para cumplir el sueño que habíamos soñado juntas: conocer Bali.

Luego de la muerte de mi madre, regresé a Londres para retomar mi trabajo. Allí me esperaban mis amigos y el chico que estaba conociendo, listos para festejar mi cumpleaños. Era raro hacerlo en medio de tanta angustia, y a la vez era una buena oportunidad para celebrar la vida que se renueva y se resignifica. Cuando volvíamos con mi novio a casa luego del festejo en el bar, le conté que había decidido iniciar mi profesorado de yoga. Él no le dio demasiada importancia a mi decisión y creo que además no le entusiasmaba mucho. Así que supe que era momento de levantar vuelo de la vida que me había construido y seguir el camino que mi cuerpo, mi deseo y mi intuición me señalaban. Con el tiempo, también entendí que para que una relación sea posible y se sostenga, ambas personas deben compartir una afinidad de instancia vital que les permita sintonizar con aquello que desean y buscan. Vibrar a un ritmo parejo. Motivada por todo lo que intuía, comprendí que había llegado el momento de ir en la dirección de lo que era mejor para mí y terminé la relación.

Me prioricé, me dejé llevar y empecé a descubrir que antes de relacionarnos con otros, es clave tener una relación sana con una misma.

Me embarqué en un viaje, sola, y a un continente desconocido, no sabía con qué me encontraría, a quién podría conocer. El universo entero se me ofrecía, con su incertidumbre, su maravilla, su luz y su calma. Sabía que en mi destino había un profesorado de yoga, al que había llegado por internet y por la recomendación de dos allegados, que coincidía con mi fecha de viaje. Y ahí fui, sola, pero conmigo, soltando y encontrando un espacio solo para mí.

De a poco fui confiando en mi camino, se fueron abriendo puertas porque todo lo que hacía era con amor, con pasión y dando lo mejor de mí misma.

A partir de entonces mi mente empezó a cambiar sus pensamientos. Paulatinamente se produjo un despertar a mi conciencia, a lo que quiero y lo que no quiero. Aprendí a disfrutar de las pequeñas cosas, a habitar el momento presente, a confiar en mí y animarme. Me acuerdo que un día una de las compañeras del profesorado me dijo "Agus, ¿por qué no empezamos a disfrutar del lugar en el que estamos ahora en vez de estar pensando en dónde queremos estar después?". Esa frase dicha al pasar representa hoy uno de mis mayores aprendizajes, un saber esencial que adapto al día a día.

El tiempo pasó, me formé hasta que empecé a dar clases de yoga. Me di cuenta de que a través de este conocimiento ancestral que había aprendido con tanto amor en una etapa tan clave de mi vida era momento de hacer algo por el otro. Descubrí que podía generar un espacio de apertura en las otras personas hacia mí a partir de movimientos en el cuerpo y, hasta el día de hoy, esto es algo que no deja de impactarme.

Las decisiones importantes de la vida son transformadoras, abarcan la totalidad del ser. El trabajo conmigo misma, el trabajo con mi cuerpo, el yoga como medio de conciencia profunda, pusieron foco sobre mi alimentación. Ya no se trataba de calorías, sino de aquello con lo que nutría a mi cuerpo. Mis hábitos alimentarios cambiaron de manera radical, y puse atención a ofrecerme alimentos saludables que me permitieran mantenerme fuerte y purificada.

Mi relación con mi entorno también comenzó a reflejar mi cambio interior. Antes solía relacionarme de manera más fría y distante. Saludaba, seguía de largo, abrazaba por compromiso. Ellos, los otros, estaban ahí, pero yo no los veía, sencillamente porque tampoco podía verme a mí. Poco a poco comencé a sentir el enorme privilegio de compartir el tiempo con las personas que me rodeaban. Antes me sentía incómoda cuando me abrazaban un ratito, estaba tensa. Ahora siento que no hay nada más lindo que ablandarse y recibir el afecto. Aceptar el saludo de alguien a quien no conoces o mantener una conversación con una persona con la que nunca pensaste que podías relacionarte, son ejemplos de la apertura hacia los demás. Somos todos uno, estamos entrelazados y nunca sabemos los lazos que podríamos construir.

Cuando estoy bien conmigo misma mi consumo es consciente, compro lo que necesito y no lo que me atrae visualmente. Voy al supermercado con mis bolsas, uso mi botella de aluminio, mi vaso de café, mi sorbete de acero inoxidable. De esta forma podemos reducir el uso del plástico con pequeños gestos. Sumando nuestro granito de arena es posible construir un mundo mejor.

Después de hacer mi primer profesorado decidí seguir aprendiendo e instruyéndome. Volví a Bali para hacer dos formaciones más, Yogaterapia y Yoga para la mujer, todos avalados por *The Yoga Alliance*. También realicé una especialización en alineamiento de asanas en *Esalen*, California y me formé como Coach Ontológico en la escuela de *Newfield Network*.

Actualmente, me dedico al yoga, al coaching, a organizar retiros y realizo activaciones y charlas en empresas.

¿Por qué *Mujeres Conscientes*?

En uno de los últimos retiros de mujeres que organicé, dediqué gran parte de las actividades a acroyoga, uno de mis talleres preferidos porque en él se trabajan la confianza, la entrega, el animarnos.

Estábamos haciendo la postura del trono. Para lograrla una persona se sienta apoyando los pies en las manos de la otra y la cola en los pies. La chica que debía subirse manifestaba tanto miedo que no podía ni siquiera intentarlo. No se animaba, pensaba que no sería capaz de ser levantada.

Entonces le pregunté si estaba dispuesta a hacerlo con mi ayuda y de a poquito fue accediendo, confiando en mí, en su compañera, en su cuerpo. Su actitud corporal y emocional se transformó, estaba totalmente conmovida. Primero apoyó sus glúteos en los pies de su compañera mientras yo la sostenía desde la espalda y luego colocó un pie y después el otro en las manos. Al principio no podía soltarme porque sentía mucha inseguridad, pero después fue soltándose de a poco hasta tener los brazos bien abiertos y levantados.

Su sensación fue muy poderosa y conmovedora porque lo que a ella le pasaba era que no pensaba que podía llegar a ser sostenida y elevada por alguien, nunca había sentido eso en su vida y fue un verdadero aprendizaje corporal. "A partir de ahora empieza un nuevo capítulo en mi vida, aprendí de mi cuerpo, confiando y soltando, animándome", comentó. Este aprendizaje no puede obtenerse de ningún libro o archivo, solo se puede sentir.

Este es justamente el tipo de fenómeno que me inspiró a escribir este libro. Me puse a recordar y me di cuenta de que siempre había trabajado con mujeres. En todos mis cursos y retiros me encantaba trabajar con ellas, con nosotras. Somos muy poderosas y tenemos que aprovecharlo, todavía queda mucho por descubrir, por descubrirnos. Somos seres libres y muchas veces no sabemos lo capaces que podemos ser para lograr nuestros objetivos. Cuando tomamos conciencia de nosotras todo se vuelve más cercano, más fácil, más liviano.

Estos son los aspectos que vamos a explorar en estas páginas, compartiendo mi experiencia, mis aprendizajes y la teoría que fui incorporando gracias a la sabiduría de mis maestros. Recorreremos juntas el camino de la conciencia en los aspectos que considero relevantes y necesarios para que aprendas a estar conectada contigo misma, eso que llamaré a partir de aquí "movimientos".

Deseo que a través de estas páginas podamos sentir, conectar y abrazar más fuerte. Que aceptemos lo desconocido, la aventura, lo inesperado, la incertidumbre. No le tengamos miedo a las experiencias que se nos vayan presentando y extendamos los brazos bien abiertos para recibir lo que está preparado para cada una de nosotras. El universo es muy sabio.

En esta aventura me gustaría invitarte a analizar, descubrir e investigar cada etapa, cada movimiento conmigo.

"Somos eternos aprendices", me dijeron en una de mis lecciones de coaching, tenemos mucho que recorrer, nutrirnos y aprender.

"El verdadero viaje de aprendizaje no es conocer nuevos territorios, sino que es ver con nuevos ojos", sostiene Proust, y este es mi objetivo para este libro: que ampliemos nuestra mirada. Como dice mi coach, Julio Olalla en *Enemigos del aprendizaje*: "Mucho del conocimiento de carácter espiritual está fuera de lo que la Modernidad considera como aprender". Con esto se refiere a que "el aprendizaje debe dirigirse no solo a nuestra mente, sino también al cuerpo, al alma y al espíritu. Debe encontrar un balance entre lo lingüístico conceptual por un lado y lo emocional y corporal por el otro. De esta manera, y solo por este camino, podremos descubrir las coherencias intrínsecas entre estos niveles de experiencia".

Espero que disfruten este viaje tanto como yo.

Agus

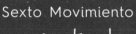

Consciente de mí misma

Amanecer

La voz interior cubre tu conciencia,
eres semilla de luz, espacio libre de vida,
eres el comienzo, la flor perpetua
del amor incondicional, el eco gozoso
que renace en la respiración del instante.

Abierto al suave existir, iluminado,
caminas con pasos entregados al silencio
de la contemplación resplandeciente.

Eres el enigma del sueño que se esparce,
la blanca esperanza de lo divino,
el corazón amante de lo único,
de lo inexplorado, de lo viviente.

Eres la estancia infinita
de tu íntimo y dorado
amanecer.

José Manuel Martínez Sánchez

Había escrito esta capítulo pero, lamentablemente, lo perdí y creo que ese hecho dice mucho de la temática que abordaremos en él.

El primer día de nuestro encuentro "Mujeres Conscientes" en Uruguay, entraron a robar al lugar en el que me hospedaba. Llegué por la noche y encontré toda la casa dada vuelta. Cuando fui a mi cuarto, vi la cama deshecha, todo estaba desparramado por el piso, me faltaba la computadora, los parlantes, algunos accesorios. No pude evitar sentirme muy angustiada. No podía creer que en ese preciso instante en el que estaba por ir a trabajar y a encontrarme con tantas mujeres en el retiro, alguien entraba a mi casa y se llevaba todo lo que necesitaba para dar mis clases y talleres. Nunca me había pasado algo así. Me sentí vulnerada y vulnerable, fue horrible.

Tenía todo escrito en mi computadora, lo había revisado una y otra vez para que quedara perfecto y el único lugar en donde lo tenía guardado era en mi laptop personal. El robo me llenó de impotencia. Lo material se repone, pero el proceso que había hecho para escribir esa parte de mi libro era irrecuperable. Ahí estaba yo, a foja cero, pero seguía siendo yo y nadie podía robarme mis vivencias, por lo que escuché a mi editora que me dijo "mejor nuevo que robado" y me relajé. Pensé que las pérdidas son parte de la vida y que muchas cosas nos serán arrebatadas, pero no las que forman parte de nuestro ser más íntimo.

Generalmente soy muy consciente de todo lo que llevo conmigo durante un viaje. Cuando estoy liviana de equipaje, mi cuerpo se siente de la misma manera. Por el contrario, esta vez sentí que, inconscientemente, todo mi ser estaba comunicando algo más profundo. Efectivamente, iba más cargada de lo normal y había llevado ropa en exceso aun sabiendo que no iba a usarla. Sentía que algo de todo esto tenía que ver con el nivel de atención que le estaba poniendo a lo que me rodeaba y a lo que hacía.

Llevaba algunos días sin meditar. Me sentía muy ansiosa y mi cuerpo lo hacía evidente: sufría alergias, dolores de cabeza y un malestar generalizado. Parecía descentrada, desconectada. Este es, precisamente, el punto que quiero trabajar con ustedes: la importancia que tiene ser conscientes de nosotras mismas.

Cuando vivía en Londres, pocas veces me detenía a pensar en el porqué de mis acciones. Simplemente ponía piloto automático y así comenzaba los días, uno igual al otro. Todo era pura rutina: alarma, peinado, tacos, maquillaje, medias y vestido, correr al subte sin importar si realmente estaba llegando tarde o no, comprar un café en el camino y, finalmente, llegar a la oficina.

Una vez aallí, prendía la computadora y todo mi trabajo consistía en un recorrido apresurado entre mail y mail, presentación por presentación y llamadas de teléfono a toda hora. En este contexto de productividad, eficacia y rapidez, nunca era una prioridad tomarme un momento para pensar en mi cuerpo. Pocas veces prestaba atención a mi respiración y, constantemente, estaba resfriada, tenía alergias, me sentía con las defensas bajas, estaba anémica, pero nada de esto lograba captar verdaderamente mi atención, porque siempre había un analgésico que me "curaba".

Lo mismo sucedía cuando llegaba a casa. Siempre tenía problemas para dormir por lo que terminaba tomando alguna pastilla que me ayudara a no despertarme a la mitad de la noche y así poder rendir mejor en el trabajo al día siguiente.

Pasó el tiempo y el modo en que pienso hoy en mí misma y en mi cuerpo, la forma en que lo experimento y cómo me relaciono con él, cambió completamente.

Este proceso de transformación comenzó durante mi primera estadía en Bali. Allí realmente aprendí a escuchar a mi cuerpo, a respirar y alimentarme de forma orgánica y atenta, en definitiva, aprendí a ser verdaderamente yo. Gracias al yoga pude tomar consciencia de que es necesario encontrar ese momento que permita pensar antes de tener una reacción pura e instintiva. Me enseñó a percibir, a entender que mi camino será siempre aquel en el que mi cuerpo se sienta pleno, cómodo y en paz.

Hoy en día, puedo decir que realmente me comunico con mi cuerpo, lo escucho, lo entiendo y así, por ejemplo, nunca más tuve que recurrir a ninguna medicación que me permitiera descansar y estar en sintonía con él.

Actualmente medito y practico distintas posturas de yoga todos los días. Hoy soy capaz de encontrar momentos de descanso en los que me concentro en mi respiración. Esta nueva rutina me enseña a estar más atenta a lo que mi cuerpo dice y así puedo notar cuál es su límite, hasta dónde puede responder mi organismo sin saturarse.

Intento situarme en tiempo y espacio manteniéndome enfocada en el presente para disfrutar y aceptar cada momento tal y como es, sin querer modificarlo.

A veces siento que lo que realmente me ayuda a encontrar el equilibrio y a estar más consciente de mi misma es acercarme a personas que son sinónimo de amor y una de ellas es mi hermana. Esto es muy especial para mí porque antes de que mi mamá partiera, mi relación con ella no era la misma que ahora. Recuerdo que siempre terminábamos discutiendo, no nos poníamos de acuerdo y, sinceramente, no disfrutaba mucho pasando el tiempo con ella. Luego de todo lo vivido nuestro vínculo cambió. Construimos un lazo tan fuerte que siento que cada momento que pasamos juntas es único e irrepetible. Cuando me envuelve en sus brazos todo está bien y me conecto con un estado de plenitud total. Cuando puedo abrazar al ser que amo, acariciar y sentir, no necesito distraerme con el afuera, solo estoy conmigo y me alcanza.

Conscientes

¿Cuál es el significado de estar consciente de uno mismo? ¿Qué es ser consciente?

¿Cómo puedo saber si estoy siendo consciente de mis propias acciones?

¿Qué tengo que hacer para estar consciente de la vida que llevo? ¿Cuál es la diferencia entre ser consciente y ser inconsciente?

Estas son algunas de las preguntas que surgen al momento de investigar y reflexionar acerca de qué puedo hacer para vivir de una forma más austera y relajada, sin presiones ni cargas, en completa paz.

El primer paso en este camino es aceptar tu vida tal cual es pero estando siempre atenta a lo que piensas, dices o haces. Cuando sos consciente de esto, no le deseas el mal a nadie ni con tus pensamientos, ni con tus acciones. Estar en calma y en conexión con una misma hace que, incluso en situaciones de tensión, puedas vivir el momento presente aceptándolo como es.

Tina Nance, instructora de mi profesorado de Yoga terapia, me enseñó que el yoga es una gran herramienta de conexión con uno mismo y con el momento presente:

"El yoga cultiva presencia corporal y nos permite estar conscientes de nosotros mismos. El yoga es una práctica para curar, para mover lo que está trabado en el pasado y estar en el presente."

Es sumamente necesario trabajar con nuestro ser consciente para disfrutar lo que sucede ahora, en este momento, y percibir lo que está pasando en nuestro cuerpo. Para eso, debemos focalizarnos en cada una de esas sensaciones y darnos el permiso de soltar los pensamientos para así dejarnos llevar por los sentimientos más puros. No hay nada más liviano que sentirse abierto y en el momento presente, permaneciendo con lo que es esencial y dándonos amor y cariño.

En el último curso que di, una de las chicas me comentó que muchas veces las redes sociales la sacaban de este lugar de introspección, que no podía conectarse con el momento presente por estar constantemente prestando atención a lo que sucedía a su alrededor y que pensaba que el yoga podría ayudarla. A muchas de nosotras nos pasa lo mismo. Miramos una y otra vez Instagram, observamos gente en la playa, en la montaña, con amigos o parejas, comiendo platos coloridos, rodeados de paisajes y atardeceres únicos y nos dan ganas de estar en uno o en todos esos lugares. Queremos tele transportarnos, pero tenemos que entender que, aunque nuestra realidad no sea tan ideal como las de las redes, por algo estamos donde estamos y siempre debemos agradecerlo y disfrutarlo como si fuese un regalo. Debemos vivir con la certeza de que todo lo que nos propongamos con amor llega en el momento indicado.

Otra maestra que admiro mucho, Bex Tyrer, siempre me recuerda que "El Yoga no son solo posturas, se trata de conocerte a vos, abriéndote, (se trata) de cómo te mostrás frente al mundo".

Muchas veces sentí que no soportaba momentos incómodos y por eso mentía o me escapaba. Hoy entiendo que no hay nada más cómodo que decir la verdad, que afrontar las situaciones a las que llegamos por voluntad propia. No hay nada mejor que hacerse cargo de uno mismo y de lo que esto provoca. Es un proceso que debemos iniciar por más que duela, cueste o no nos acepten.

Siempre tuve miedo del qué dirán, ¡siempre! Por eso me costó muchísimo soltarme en las redes sociales y expresar quién verdaderamente soy y a dónde quiero ir. Tenía muchas barreras por romper y estructuras que soltar. Incluso, me daba mucha vergüenza hablar libremente y relacionarme con algunas personas.

Ahora que el tiempo pasó y que soy una adulta que se sigue conociendo, pero más conscientemente, creo que cuanto más te transformás internamente, cuanto más logras ese empoderamiento personal que todos deberíamos buscar, menos necesitas la aprobación del resto.

El yoga me ayudó mucho a romper con todos estos prejuicios, miedos y debilidades a superar. Fue y es un trabajo constante y muy duro. Lleva tiempo, pero siento que estoy en el camino correcto. No solo cambió mi manera de mostrarme sino también la forma en que me relaciono con los demás.

Esta práctica me enseñó además a ponerme mis propios límites. Si hay algo que sinceramente no quiero hacer y que puede esperar, tengo la opción de decir que no, aun sintiendo la presión por ser responsable y eficaz. Aunque el otro pueda sentirse ofendido después de una respuesta negativa, el decir "no" implica haber llegado a un nivel de auto percepción y conocimiento muy sinceros. Antes me llenaba de planes, decía a todo que sí, sin importar lo que realmente quería y, finalmente, muchas veces ni siquiera me alcanzaba el tiempo para cumplir con todo lo planeado. Ahora sé que no hay nada de malo en decir "voy a hacer todo lo posible para ir, pero no te lo aseguro" o "la verdad es que no puedo, tengo otras prioridades" o, directamente, decir que no sin estar obligada a dar una explicación razonable.

En este mundo apresurado y mediático, vivimos reaccionando a lo que ocurre en el afuera. Siempre estamos en busca de algo: llegar al mejor puesto de trabajo, ganar más dinero, tener más poder, más fama, ganar, siempre ganar. Pero, ¿qué es lo que pasa en nuestro interior? ¿Cuánto nos conocemos verdaderamente? Muchas veces sentimos un vacío que nos lleva a actuar como si fuéramos autómatas viviendo la vida de otros. A veces estamos muy alejados de nuestra propia realidad y solo nos ocupamos de todo lo que sucede afuera.

Debemos ser conscientes de que somos nosotros los responsables de nuestras vidas, que tenemos la capacidad de elegir cómo queremos vivir, que la felicidad está en nuestras manos y que solo depende de nosotros. Debemos recordar todos los días que somos únicos y que tenemos el poder de cambiar lo que no nos satisface, con el coraje y la fuerza necesarios para romper con las estructuras y las creencias que nos impusieron. Así encontraremos un nuevo camino. Cuando llegemos a este nivel de conciencia, el universo entero estará a nuestro favor.

¿Cómo puedo ser más consciente de mí misma?

SITA RAM… este es el mantra que repito en esos momentos en los que pierdo la consciencia e intento encontrar el equilibrio, cuando no me puedo conectar con mi ser más interno, cuando me gana el impulso y reacciono sin pensar. "Ram" simboliza el fervor interno en el chakra manipura (plexo solar) que purifica el cuerpo y el espíritu. "Sita" representa la energía del chakra muladhara (raíz) que proporciona conexión a tierra y calma la mente. Ambos lados del cerebro se equilibran a través de la práctica de recitar este mantra. También puede mejorar la salud al eliminar las impurezas del cuerpo y la mente, alentando la autoconciencia.

La pregunta es: ¿cómo modificar nuestra conducta cuando caemos en algún tipo de exceso? Cuando nos enceguecemos y nos vemos invadidos por un fuerte impulso hacia algo que, en el fondo, sabemos que no necesitamos ni queremos, nos alejamos de la conexión con el presente. Ahora bien, ¿de qué nos estamos escapando? ¿Por qué consumimos algo en demasía? ¿Será que huimos de sentimientos de aburrimiento o soledad, o de no sentirnos queridos?

Una de mis maestras, Janet Stone, afirma que cuando atravesamos una etapa de indecisión, esa oscilación entre el hacer-no hacer, comer-no comer, deber hacer-querer hacer, nos aleja de nuestra *divine spark* o chispa divina y, así, perdemos nuestro ser creativo, nuestra luz. En cambio, cuando logramos sentir esa chispa divina, evitamos repetir este círculo vicioso y ya no necesitamos extremos al mantenernos ancladas en el tiempo presente.

La chispa divina: la esencia que une todas las formas en nuestro universo.

En el alma de cada ser humano hay una que es el "testigo" de su naturaleza divina. Según el mito damanhuriano, cada individuo es parte de la Divinidad Primordial Humana, la fuerza que permea todo el universo y lo penetra, dividiéndose en tantas partes como hay formas de vida en él. Cada uno de nosotros representa, por lo tanto, una parte de esta divinidad. La meta evolutiva de cada ser humano es lograr la plena conciencia de su naturaleza divina.

"No hay sensación más profunda que intimar con una misma. Recorriendo tu cuerpo, tu esencia, tu verdad, alcanzarás un sentimiento de plenitud y conexión única con tu poder."

7 TÉCNICAS PARA SER MÁS CONSCIENTE DE MÍ MISMA

1. Ubicarme en tiempo y espacio

Miro a mi alrededor, observo con quién y donde estoy. Me concentro en este momento, en el puro ahora, ni en el antes ni en el después. Recuerdo que en este preciso instante no podría estar en otro lugar que no fuera este y me siento satisfecha. Trato de pensar en lo que estoy haciendo y no en lo que voy a hacer o hice antes. Soy consciente de que todo lo realizado en el pasado me llevó al lugar en el que me encuentro ahora. Acepto y estoy abierta a que suceda lo que deba suceder.

2. Respirar constantemente

Uno de nuestros mayores errores es no prestar la suficiente atención al modo en que respiramos. La buena oxigenación es vital para el organismo y, muchas veces, es un aspecto de nuestra vida que relegamos. El efecto energético de una buena oxigenación está científicamente comprobado pero la mayoría respira de forma superficial y no incorpora todo el oxígeno que debería. Si nos comprometiéramos a ejercitar nuestras capacidades respiratorias de manera consciente, no solo mejoraríamos nuestra salud, sino que también nos sentiríamos más conectados con el ahora, ese tiempo dedicado al inhalar y exhalar como fuente de energía.

3. Pisar con los pies firmes en la tierra

Enraizar no es otra cosa que una voluntaria toma de conciencia. Se trata de ponerse de pie para sentir cómo el cuerpo está en contacto con la tierra, cómo se reparte todo su peso para conseguir el equilibrio y la estabilidad. El enraizamiento es la fuerza, el impulso y la armonía necesarios para conseguir un estado físico, energético y mental balanceado.

4. Escuchar lo que ocurre alrededor mío

Oigo el tono de voz de la persona con la cual me estoy comunicando, la intensidad del ruido externo o los sonidos en general. Sin querer pronunciar siempre la primera palabra e invadir el territorio con mi opinión o mi presencia, hago un paso al costado y percibo cómo se desarrolla la situación en la que estoy inmersa. No hay nada más lindo que sentirte escuchada y también, que disfrutar de la escucha atenta.

5. Sentir mi cuerpo

Hago un análisis de mi cuerpo, me fijo si estoy cómoda, evalúo lo que estoy sintiendo: ¿felicidad?, ¿tristeza?, ¿ansiedad? No trato de ocultar ningún sentimiento. Los respiro, vivo y experimento ya sea que me causen bienestar o malestar. Registro qué es lo que mi cuerpo quiere decirme y tomo mis decisiones. Me hago algunas preguntas: ¿estoy comiendo bien?, ¿tengo energía suficiente?, ¿tengo ganas de estar en este lugar?, ¿estoy cómoda?

6. Evaluar cómo me expreso

Pienso antes de hablar, intento que mi impulso no me gane y me conecto con mi cuerpo para ver qué quiero comunicar realmente. Para no terminar expresando algo que, en realidad, no queremos decir o para evitar que se nos pueda malinterpretar, una gran herramienta puede ser evaluar previamente cuál es mi objetivo comunicacional. Una vez que lo tengo claro, actúo en base a él.

7. Conectar mis emociones con mi cuerpo y mis pensamientos

Muchas veces fingimos ante los demás para que no perciban lo que pasa en nuestro interior con nuestras emociones. Tememos las opiniones ajenas. Nada es más lindo y transparente que mostrarnos y expresarnos tal cual somos y sentimos, sin pensar en el "demostrar" o "aparentar". Aprendamos a mostrarnos enojadas, tristes, vulnerables. Son sentimientos que también forman parte de nuestro día a día.

¿Cómo me conecto conmigo misma?

La respuesta a esta pregunta es, sin dudas, la meditación. Todas las mañanas, antes de comenzar el día, me tomo al menos 5 minutos para respirar, para centrarme, para ubicarme.

En ese tiempo silencio mi mente, dejo todos los pensamientos a un lado y me dejo llevar por lo que siento. Hago una visualización de cada parte de mi cuerpo enviándole energía positiva y calor, desde los pies hasta la coronilla. Después, comienzo con los ejercicios de respiración. Hago que el oxígeno llegue hasta mi abdomen, apoyo las manos en la parte baja de mis abdominales soltando todo, inflo el abdomen al inhalar y libero todo el aire al exhalar. Al practicar esta forma de respiración, el aire recorre casi todo el cuerpo. Me concentro en ese mismo recorrido una y otra vez y dejo toda distracción afuera.

Luego, apoyo mis manos en mi pecho y entro en una intimidad más profunda con mi cuerpo, inhalando y exhalando, siempre, por la nariz. Siento cómo mis pulmones se expanden llenándose de aire para luego eliminarlo todo. De esta forma, me siento bien cerca mío, en total conexión y con mucha seguridad. Estoy en mi espacio sagrado.

A continuación, me voy moviendo hacia arriba, enderezo el torso y abro mis brazos formando una letra v, como símbolo de apertura. Estoy lista para recibir las situaciones del día y las actitudes de las personas que me rodean tal como son. Se trata de un rito de aceptación, una comunicación con el Universo. Ya no me resisto a lo que vaya a pasar. No quiero modificarlo ni me opongo. Me entrego de la forma más transparente y libre posible.

Después, bajo los brazos y los apoyo cerca de mi pecho en posición de rezo mientras llevo mi energía a la cabeza. Visualizo un aura a mi alrededor, un círculo de luz, de protección, una burbuja personal en la que solo ingresará lo que yo quiera. Siento esta luz en mi coronilla e instantáneamente aparecerá un color del que tendremos que aprender el significado.

En un texto de coaching, *Enemigos del aprendizaje*, de Julio Olalla, hay una reflexión que quiero compartir: "los seres humanos debemos mirar al mundo no como aquello que nos debe, sino como aquello que nos regala (la libertad, el aire, el mar). Mientras no cambiemos la relación con el mundo, mientras no lo miremos desde la gratitud, el aprendizaje no será completo. Entonces, ¿por qué no pensar qué le puedo dar yo al mundo, en vez de estar siempre esperando lo que el mundo me puede dar a mí?"

Tomando esta idea como punto de partida, este es mi nuevo objetivo: agradecer por estar viva, porque mi cuerpo me permite estar en paz, porque cada día reflexiono y encuentro diferentes razones para agradecer, porque aprendo a no tomar las cosas como dadas, sino que trabajo para ser realmente consciente de ellas.

A continuación, les muestro diferentes formas de ubicar las manos y los dedos para meditar:

• *Anjali Mudra*: señal de agradecimiento. Las dos manos juntas en posición de rezo, en frente al pecho. Significado: balance, unión, humildad.

- *Jnana Mudra*: señal de sabiduría. Las dos manos juntas con los dedos separados. Nos conduce al foco interno, a nuestra inteligencia.

- *Chin Mudra*: señal de consciencia. Dedo pulgar toca al dedo índice. Apoyamos las manos en nuestras rodillas. Gesto de recibir, de consciencia absoluta, de apertura.

- *Bhairava o Mhairavi Mudra*: señal de permanecer, de existir. La mano derecha arriba de la izquierda como si fuesen cuencos a la altura de nuestro centro. Símbolo de protección.

Significados de los dedos

Dedo pulgar: fuego.
Dedo índice: aire.
Dedo medio: espacio.
Dedo anular: tierra.
Dedo meñique: agua.

Se puede combinarlos libremente al momento de meditar, dependiendo de lo que se necesite ese día.

Gracias a muchas luchas, a muchas búsquedas de identidades y reconocimiento del propio valor, la mujer tiene una autoridad sobre si misma muy diferente hoy en día. Su conducta individual ha cambiado positivamente a favor de su ser femenino, por lo que tendríamos que dejar atrás cada vez más cualquier tipo de etiqueta impuesta sobre nosotras, ya sea por mandato social, familiar o matrimonial.

Para seguir en esta búsqueda de reafirmación e identidad, las mujeres deberíamos hacer un trabajo que tenga que ver con encontrarnos a nosotras mismas y ver qué nos mueve, qué nos motiva, qué proyectos nos hacen felices, qué faceta de nosotras nos hace sentir plenas, qué vida queremos construir. Deberíamos sentirnos totalmente poderosas y capaces de crearla sin la presión por ningún tipo de mandato: de ser mamás, de tener que ser una "buena" señora, de formar una familia. No importa lo que la sociedad o los demás esperen de nosotras, nada va a impedirte que seas una mujer realizada.

Se puede serlo en forma integral, desde los deseos propios todas podemos hacerlo. En nuestro nuevo posicionamiento social, a veces somos un ejemplo inspirador para los hombres, ya que podemos cumplir varios roles a la vez: esposas, madres, empleadas, empresarias, entre otros.

Las mujeres tenemos vidas muy activas y no por eso dejamos huecos en nuestras obligaciones, ya que también estamos presentes en nuestros hogares. Es inspirador para los hombres, ya que los ayuda a tomar esas tareas que antes se atribuían únicamente al campo femenino, deseamos que sean aquellos que ayudan a construir la vida en pareja y participan en la crianza

"La gratitud abre la puerta hacia el poder, la sabiduría y la creatividad del universo".

Deepak Chopra

"Gratitud es sumirse en la grandeza de la vida. Es el fundamento de la alegría".

Julio Olalla

de los hijos como parte de un verdadero equipo, en el que ambos disfrutan de todo sin diferencias.

Ser auténticas con nosotras mismas significa no responder a ningún mandato. Ser auténticas es ser felices, escucharnos, ver qué nos hace bien y, también, qué nos hace mal.

Te invito que para dirigir esta búsqueda te tomes el tiempo diario para cerrar los ojos, conectarte con una misma y evaluar qué te hace feliz verdaderamente, sin que interfieran en esa elección los otros discursos de los que ya hablamos. Debemos descubrir el camino que mueva tus fibras más íntimas y no transitar por los ajenos. Una vez que lo encontremos, no nos desviemos, debemos animarnos a recorrerlo.

Se debe confiar en que todas podemos tener una vida integral si nos lo proponemos. Todos los aspectos de la vida pueden desarrollarse bien y mejor, inclusive siendo mujeres realizadas en lo que nos gusta.

A pesar de sentirnos en el lugar en el que queremos estar, no debemos dejar de buscar la plenitud. Tenemos que luchar contra los que pretenden convencernos de cosas que no están en nuestro corazón, debemos manifestarnos y florecer. Porque cuando estamos totalmente plenas y felices irradiamos una sabiduría que contagia y responde por sí sola.

Lo mejor que se puede hacer por este mundo es estar bien con una misma, con la vida que creamos. Seamos conscientes de que tenemos un poder por ser dueñas de nuestra vida, lo que es naturalmente inspirador para los demás. Lo que ilumina a los otros es la autenticidad. Observar la creación que algunas personas logran en sus propias vidas siendo ellos mismos, nos inspira.

Una de las cosas que se destacan en este tipo de personas que viven sus vidas con autenticidad, es la energía que irradian. Es mejor aun cuando se permiten contar al mundo y comparten con los demás cómo hicieron para recorrer el camino que las llevó a un presente tan pleno, tan luminoso. No hay soberbia en ello, pero tampoco falsa modestia. Es simplemente hacerse cargo de lo que somos y aceptarnos. Este es el núcleo generador a partir del cual se construirá la realidad a nuestro alrededor. Por supuesto, en todo proceso hay instancias de flujo y de detenimiento, es por eso que cuando nos sintamos estancadas es muy útil hacernos preguntas que nos destraben y permitan avanzar. Para ello, tenemos que estar dispuestas a salir de nuestra zona de confort, animarnos a responder esas preguntas o buscar terapias alternativas que ayuden a encontrarnos.

La auto superación lo es todo. Debemos poder ser honestas y sensatas con nosotras mismas y en vez de quejarnos por todo, ir por lo que tenemos que modificar. Es totalmente inspirador ver a una persona que está feliz consigo misma, con su exterior y con su interior. El reto es estar conectados con nosotros mismos.

Mirar y trabajar para adentro y no distraerte con el afuera, es una disciplina para la felicidad. Disfrutemos lo que creamos, disfrutemos de nosotras mismas. En la actualidad, la subordinación por parte de la mujer es más difícil de aceptar debido a los cambios sociales que se han ido produciendo, pero aún hay casos de tipo intelectual, físico o de disputa por los roles de liderazgo.

La mujer demostró que tiene las mismas condiciones intelectuales que cualquier hombre y, más allá de las diferencias físicas, es cada vez más valorada. Estamos escribiendo la historia.

Muchas veces sucede que se forman grupos de mujeres en los que solemos relacionarnos con las que tenemos más empatía y esto se da de forma natural. Pero hay algo que va más allá de eso que hay que trabajar y que tiene que ver con el género, con que seamos amigables con el nuestro propio. Los hombres lo tienen bastante desarrollado y nosotras somos más selectivas. Nuestras relaciones con otras quedan libradas más a la química del momento que a la necesidad de construir un vínculo solidario y proactivo, y eso es perfectible.

Es importante que una mujer se una a la otra, que sepa que puede contar con ella, que puede compartir, que puede ser escuchada y no juzgada, sentirse acompañada.

"Sororidad" es una palabra que se aplica hoy en día a este tipo de solidaridad entre mujeres. Considero que es un aspecto en el que debería enfocarse el feminismo para aplicarlo a todos los órdenes de la vida, desde la amistad hasta las relaciones laborales.

Debemos empoderar a la mujer y aceptarla como es, sin juzgarla. Sería muy bueno que nos apoyáramos, que nos uniéramos, reduciendo o anulando los niveles de envidia y competitividad.

Durante muchos años tuvimos la tendencia a competir entre nosotras porque la sociedad nos enfrentaba, nos ponía aparentemente en bandos opuestos. Pensábamos que debíamos pelear entre nosotras para lograr la aceptación de los hombres, un puesto de trabajo, una buena posición social.

Es tiempo de hacer de la sororidad una realidad. Hagamos visible ese lazo que nos une y nos hace más fuertes.

"Podremos tener juntos una relación maravillosa cuando yo la tenga conmigo y tú la tengas contigo."

Spencer Johnson

Consciente de mis relaciones con los otros... y conmigo misma

Tu espacio sagrado

Aprendí que cuanto más en contacto estamos con nosotras mismas, mejor es la relación que establecemos con los demás. Escribo esto un viernes a la noche, estoy en casa mimándome, escuchando música que me inspira. Cociné para mí, me preparé un rico té y espero que el chico que me gusta venga a saludarme antes de irse de viaje.

¿Qué se siente cuando se está "sola"? O, pensándolo de otra manera, ¿qué se siente al estar compartiendo algo con una misma? Estos fueron algunos de los temas que más analizamos y cuestionamos en el último retiro Mujeres Conscientes. En otro momento no hubiese aceptado estar un viernes en mi casa haciendo mis cosas y hubiese llamado a todas mis amigas para ver si alguna quería comer o tomar algo conmigo. Hoy no. Opté por crear un ambiente agradable para sentirme cómoda y en calma.

Si llega a saludarme mi chico ¡bienvenido sea! y si no es así, es porque no pudo. Voy a confiar en eso, voy a creer en que él tenía que hacer sus cosas y que por más de que le hubiese gustado verme no pudo, pero sigue estando todo bien. Ya no necesito preguntarle todo el tiempo si realmente lo está, porque sé, en mi interior, que sí lo está.

Sé que cuando me sienta insegura o desconfíe de esta situación, voy a volver a cerrar los ojos, a conectarme conmigo, con mi poder personal, con mi ser mujer. Voy a abrazarme y a escribir acerca de lo que pasa por mi cuerpo y evitaré hacerlo para él y generarle presión, algo de lo que posiblemente me arrepentiré. No necesito estar comunicada con él las 24 horas del día para saber que no está hablando con otra chica, o para asegurarme de que está pensando en mí. Va a hacerlo cuando algo le motive recordarme, o cuando me extrañe o me quiera ver.

Y tengo ganas de compartir estos pensamientos con alguna de mis amigas, reflexiono… ¿quién va a aportar algo que me nutra? ¿Quién va a ayudarme a sentir claridad y calma? ¿Quién va a decirme lo que realmente piensa sin ningún agregado de sentimientos propios? ¿Quién estará dispuesta a escucharme?

-Es que cuando está bien con una misma, se confía en el exterior, nos volvemos menos ansiosas, menos miedosas, no nos desesperamos y creamos nuestro propio espacio sagrado.

Relaciones

Vamos a analizar cómo es una relación con otro y con nosotras mismas. Empezaremos por registrar lo siguiente... "Soy consciente de que tengo una relación".

¿Quiénes somos cuando nos relacionamos con otros?

¿Qué parte de nosotras mostramos, que resignamos y que priorizamos al tener una relación?

A veces, cuando esto ocurre, los miedos y temores se activan y, posiblemente, terminemos por decidir en función de las necesidades del otro, ya sea un amigo, la pareja, un compañero de trabajo.

Ser o vivir consciente en nuestras relaciones necesariamente nos involucra como el otro. En una relación consciente, el otro no me genera dependencia y yo tampoco a él, no pretendo nada de la otra persona, ni tampoco necesito de ella. Me relaciono de par a par, los códigos se entienden por más que no se definan de antemano.

En este capítulo vamos a analizar las relaciones de pareja y la que es con uno misma, ya que son las temáticas que más solemos trabajar en los retiros y cursos que organizo.

Generalmente surge una gran preocupación por mantener una relación de pareja consciente, a veces aparece la infidelidad, el aburrimiento, la falta de actividad sexual, la rutina... de allí la importancia de hacer foco en este ámbito.

En uno de mis encuentros trabajamos sobre la siguiente pregunta: ¿esta es la persona con la cual quiero compartir el resto de mi vida o habrá otra?

Una de las chicas trajo este tema y causó la atención de todo el grupo, porque no la consideraban hasta ese momento. Pudimos concluir con que una pareja se alimenta todos los días, actualmente se vive el momento, lo cual hace que una cuando se aburre de algo quiere otra cosa y por eso las parejas necesitan reinventarse, enriquecerse.

Otra temática que también surge es la urgencia por estar o tener que estar en pareja, que aparece a cierta edad y que a veces tiene que ver con lo que aprendimos de jóvenes.

Es habitual que en algunos aspectos de la vida nos crucemos con las expectativas que los demás tienen de nosotras e, incluso, que también las tengamos sobre los demás. Esto tiene que ver con mandatos heredados que en términos de relaciones se vuelven más evidentes.

Pensemos en lo que aprendimos de pequeñas en la intimidad de nuestros hogares. Veíamos a nuestros abuelos casados desde hacía cincuenta años; seguramente sus familias habían sido amigas o conocidas, por lo que correspondía que estuvieran juntos aún sin conocerse muy bien. Tal vez eran relaciones lineales o llenas de aventuras con mucho humor, vivían acompañándose en los buenos y malos momentos.

Una foto: un abuelo siempre sentado en la cabecera de la mesa dando su opinión y una abuela asintiendo, a veces, ambos recordando viejas anécdotas. Un abuelo que siempre manejaba el auto y una abuela que iba en el lugar del acompañante. Tal vez eran felices y se elegían todos los días o no conocían ni buscaban otra realidad, ni querían romper con esa estructura porque no estaba bien visto socialmente.

¿Qué veíamos en la tele? Las películas de Disney, la princesa y el príncipe subiendo a la alfombra mágica y siendo felices para siempre, o casándose en un gran castillo con vestidos muy exóticos.

Pero hoy, las cosas cambiaron: el rol de la mujer en la sociedad es diferente. Nos desarrollamos y desenvolvemos en espacios diversos, estimuladas por el deseo de alcanzar nuevas metas y superar desafíos. Nos volvemos más auto suficientes y le damos prioridad a la vida, a la salud mental, al cuerpo, al oficio. La tecnología es otra; las relaciones se transformaron, a veces para bien y otras para mal.

Aunque los padres nos sigan preguntando: ¿cuándo vas a traer a tu novio a casa?, ¿cuándo vas casarte? (porque es el evento más importante al que pueden invitar a sus amigos), ¿cuándo vas a tener hijos?, y recordemos que son todas imposiciones. Puede ser que ellos sigan pensando que sólo seremos felices si estamos acompañadas, pero no todas las parejas son felices, no todas son sanas y conscientes.

Otra de las temáticas que trabajaré en este capítulo es la relación consciente con una misma. Muchas veces surge el tema de que no nos escuchamos, de que no conectamos con nuestro cuerpo. Una de las chicas llego a un retiro diciendo que se sentía culpable por estar ahí y no trabajando en su casa. Ese fue el puntapié inicial para trabajar el tema, como a veces nos castigamos, nos dejamos de lado y le damos prioridad a factores externos en vez de tenernos en cuenta.

¿Qué es lo que hace que una relación surja?

Veamos como es el tránsito de una relación inconsciente a una consciente.

Relación inconsciente

¿Qué hace que dos personas se encuentren, que se atraigan? Nuestro inconsciente, como el de los otros dice: yo busco o necesito algo. Si estoy en este modo de búsqueda, inconscientemente encontraré a alguien, porque me sentiré atraída hacia esa persona.

En ese momento comenzamos a justificar esa atracción en función de lo que el otro es, de lo que me aporta según mi modo de verlo. Cuando ese conjunto de ideas y creencias que tengo respecto al otro me atraen -el hecho de que sea lindo, inteligente, bueno, que tenga un buen trabajo o status social, por ejemplo- lo valido como el adecuado. Si le doy valor a que tenga ciertos comportamientos que me interesan, lo elijo porque tiene lo que quiero y lo que me gusta.

Así que todo empieza con el enamoramiento, etapa en la que esa persona satisface mis las necesidades y todo aquello que considero importante. Una vez que la relación está establecida, le atribuyo la función de hacerme feliz, eso que me permite experimentar buenos momentos y sentirme completa.

Posiblemente, esa dinámica empiece a cambiar cuando aparecen cosas que no me gustan, desencuentros, celos, dependencia, dificultades y todo lo que no me hace sentir tan bien. Si el propósito de la relación es que me de placer, empiezo a cuestionar si la persona con la que me relaciono es realmente con quien quiero compartir mi vida. Si esa expectativa no se cumple, entonces no sirve. Es mejor que termine. Si no es la correcta, debe haber otra que sí lo sea. Por eso, es fundamental preguntarse sinceramente: ¿cuál es mi propósito?

Si al responder me doy cuenta de que necesito más de lo que doy, de que la carencia es lo único que me constituye, el final de la relación se acerca, es más, está presente desde el primer momento.

Actualmente, damos muchas cosas por sentado. Asumimos que está todo bien con el otro, que no hay problemas y dejamos el diálogo de lado; la rutina nos gana y tenemos cada vez más obligaciones externas como las sociales y laborales, lo que nos impide trabajar en cultivar la pareja, provocando que el afecto y la pasión disminuyan. Y ni hablar del diálogo que se va empobreciendo con el correr del tiempo. Es así como muchas relaciones se vuelven monótonas, algunas terminan, en otras aparece la infidelidad, surgen las consultan a un terapeuta para tratar de seguir adelante.

Relación consciente

Comienza al saber que no hay nada afuera, que todo está adentro nuestro, la capacidad de conocerse a una misma, de experimentar el amor, de sentirnos en plenitud con todo y con todos. Cuando me uno a otro con el propósito de que reine la verdad, la relación es distinta. Lo que impide experimentarla son las ideas, los conceptos, las creencias preexistentes, que funcionan como grandes obstáculos.

Quienes participen de una relación consciente no deberían buscar la felicidad en el otro, sino recordar el amor que cada uno es, ese amor que todo lo acepta, que no rechaza ni resiste. Si puedo conocer a alguien y aceptarlo y amarlo incondicionalmente, quiere decir que puedo conocerme a mí misma y a mi verdad. Este es el valor de la pareja en el sentido más profundo. Si está claro el propósito de cada relación particular, de cada ser, es posible vivir sin etiquetas y de manera abierta la experiencia presente.

Es muy importante volver a recordar cuál es el compromiso que tengo conmigo misma aún más que con el otro, decidir cuál es la oportunidad de lo que cada escenario me ofrece: felicidad, celos, tristeza, miedo. Este último se presenta para ser mirado, entendido y, así, el significado de la experiencia cambia. Si lo tengo claro puedo darme cuenta de lo que muestra cada escenario, puedo poner la tensión en el cuerpo y puedo elegir de nuevo la verdad o dejar caer el significado que yo le di a esa experiencia, la culpa que hay detrás.

"No necesito tener un anillo en mi mano para comprobar que estoy enamorada".
Janne Robinson

En una relación consciente hay personas completas que no le tienen miedo a la soledad. Son "naranjas enteras" que se entregan para hacerse felices mutuamente y crecer, empoderarse, transformarse, tanto una misma como el otro.

Dos personas que se aman profundamente, que se escuchan, que se miran a los ojos y se entienden, que se eligen todos los días, que reconocen los valores de cada uno y que se admiran, se empoderan y quieren lo mejor para el otro, no compiten. Se eligen y eso no tiene nada que ver con depender.

El hecho de que no pasen todo su tiempo juntos o hablando por teléfono, no quiere decir que no se quieran. Pero sí es amor el hecho de que se elijan todos los días, cada uno con sus proyectos, con sus relaciones por fuera de la pareja, con sus historias particulares, siempre respetándose.

Según Bernardo Stamateas, el humor es algo que fortalece a las parejas y activa la creatividad. Cuando uno se relaja tiene ideas creativas, no hace drama, se divierte. Cuando se cuida la atmósfera afectiva, las palabras que decimos suenan bien, hay menos lugar para llegar al choque, se armoniza el ambiente.

También fortalecemos el vínculo cuando conocemos cuál es el sueño del otro y lo apoyamos sin importar cuál sea, sin juzgarlo, acompañándolo, empoderándolo, ayudándolo a alcanzarlo. Así se construye una relación más fuerte.

El acompañarse, el estar presentes, también es algo muy importante en una relación y es justamente lo que falta en muchas parejas. Esa compañía que no implica tener que estar las veinticuatro horas del día uno al lado del otro, pero sabiendo que estamos ahí pase lo que pase. Se trata de acompañarse estando en el momento presente, en vez de reaccionar, actuar o decir las palabras correctas.

Acompañar es la silenciosa y poderosa fuerza de una conexión amorosa y presente. Es una señal de un "te amo y no me voy a ningún lado". Acompañar es tener paciencia y hacer contacto visual cuando alguien está asustado por sus propios sentimientos. Es un abrazo, la presencia sin juzgar, el escuchar sin reacciones desmedidas, el aprendizaje de no tomarse las cosas personalmente, o intervenir tratando de salvar al otro de sus sentimientos.

Nuestro dolor y tristeza se merecen el mismo lugar que la felicidad y la excitación. Los bloqueos aparecen cuando tratamos de taparlos y, por el contrario, cuando aprendemos a dejarlos entrar, aprendemos a dejarlos ir libremente.

La intimidad aparece cuando alguien está en un momento oscuro y se le recuerda que se lo quiere exactamente como es y con todos sus sentimientos. Las relaciones se vuelven más profundas cuando se ve la vulnerabilidad del otro y el coraje se demuestra, entonces, al dejar entrar a alguien en nuestra vida cuando está sufriendo.

En una sociedad en la que los sentimientos negativos están mal vistos o escondidos y solo los positivos están en un pedestal, es muy probable que nos sintamos desolados y alejados de otros cuando realmente necesitamos amor y apoyo.

¿Cómo tengo que ser para tener una relación consciente?

La construiré siendo auténtica, abierta, diciendo la verdad, mostrándome vulnerable, siendo consciente de mis emociones, queriendo crecer, sanar, observando cómo reacciono, dando amor incondicional.

Las relaciones son un espejo de cómo somos. Aprender cómo comunicar problemas y sentimientos es una herramienta fundamental que vamos desarrollando a medida que crecemos y nos conocemos. Cuanto mejor nos sentimos con nosotros mismos, más relaciones conscientes podemos establecer.

No se puede forzar una relación. Vamos a conocer a las personas correctas en el momento indicado y bajo las circunstancias adecuadas de una vibración natural.

A continuación, algunas variables creadas por Bill White, que ayudan a fortalecer a una pareja, a llevarla a un grado mayor de consciencia.

1. Que haya comunicación, es decir, que podamos expresarnos libremente sin importar lo que el otro vaya a opinar, que estemos comprometidos a encontrar el conflicto, que podamos poner en palabras lo que te pasa internamente con respecto al otro y logremos conversar libremente.

2. Ser respetuoso y amable en la forma en que nos expresamos sin importar cómo nos sintamos. Porque hay veces que nos pasan cosas y pensamos que tenemos el derecho de ponernos de mal humor con el otro, aunque no sea el responsable de nuestro malestar. No importa cómo nos sentimos o cómo llegamos a casa, eso no debe interferir en cómo nos tratamos. Hay que descubrir cómo nos conectamos con lo que vamos sintiendo, cómo podemos comunicar lo que nos está pasando en vez de enojarnos, No hacerlo podría provocar que nos alejemos de nuestra pareja en vez de acercarnos. Es bueno conectarse con la propia vulnerabilidad, para saber qué es lo que necesitamos, qué es lo que queremos para así poder comunicarlo.

3. Qué hacés cuando no se está bien? Necesitamos a alguien más que nos ayude a ver qué es lo que no lo está. Si la otra persona no quiere incorporar otra opinión es porque está bloqueado. Consultar a un terapeuta está bien, no quiere decir que se esté a punto de divorciarnos, sino que queremos que nuestra relación mejore.

4. La atracción sexual en una relación amorosa muchas veces no sucede. Un indicador es cuando no interesa darle

un beso a alguien. El consejo es que, si la pasión no existe, hay que darle tiempo sin comprometernos a tener una relación. La atracción puede construirse, pero si no hay química desde un principio, por lo general no la va a haber en el futuro.

Para tener una relación consciente con el otro es necesario que la que tenemos con una misma también lo sea.

7 TÉCNICAS PARA TENER UNA RELACIÓN CONSCIENTE CON UNA MISMA

¿El comienzo?, cuidarme, quererme y escucharme.

Desde que inicié este proceso de entrar en consciencia conmigo misma, encontré algunos puntos que considero claves para lograrlo. Son siete pasos que trato de tener siempre presentes.

1. Darme amor propio, abrazarme

No solo mimarme con regalos sino también conectarme para poder perdonarme y quererme tal como soy. Entender que me puedo equivocar y aceptarlo, tomarlo como una lección y no como algo de lo que debo arrepentirme. Reconozco mis logros y no siempre miro lo que me falta para llenar el vaso sino cómo llegué hasta la mitad. Recorro el camino, lo disfruto y no trato de llegar al final, me acompaño y me tengo compasión. Entiendo que si al otro no le agrado o si no logré tener la relación que quería, no tiene que ver conmigo sino con la situación. El darme amor propio también está vinculado con el confiar en mí, en lo que está sucediendo, en el entender que las cosas pasan por algo y que siempre va a haber una razón.

2. Escuchar a nuestro cuerpo

¿Qué es lo que nos dice? ¿Qué es lo que nos demuestra? Cuando no nos sentimos cómodos en un lugar o con una persona o cuando sentimos rechazo, tenemos dos opciones: quedarnos y soportar el dolor y la incomodidad. o buscar otra opción.

Muchas veces nos sentimos saturados, cansados, estresados y seguimos trabajando y exigiéndonos sin descansar por pensar que no tenemos tiempo. A veces algo nos duele, estamos tristes y lo tapamos con medicamentos, drogas o alcohol. Cuando estamos indispuestas hacemos como si no estuviese pasando nada dentro de nuestro cuerpo, lo que no está bien. Cuando una relación nos hiere o cuando algo nos lastima emocionalmente es necesario darnos el espacio para sanarlo. No es algo que suceda instantáneamente.

Si estamos atentas a estos síntomas, si nos conectamos con lo que nos pasa, podríamos tener una mejor relación con nuestro cuerpo. Lograríamos sincronizar su respuesta y lo que verdaderamente pasa en nuestra cabeza.

3. Pedir espacio

Muchas veces nos sentimos agobiadas en una relación o en un trabajo y necesitamos tiempo para nosotras, un poco de aire. Hay que recordar que eso está bien. Por miedo a quedar mal o a recibir una respuesta que no queremos escuchar, nos dejamos de lado. Nos obligamos a compartir el cien por ciento de nuestro tiempo con una persona qu,e posiblemente, no es lo que realmente queremos pero sí lo que debemos -o creemos que debemos-. No hay nada más sano que tomarnos un descanso para fortalecer esa relación tanto con el otro como con nosostras mismas.

Lo mismo sucede con el trabajo. A veces, por miedo a quedar mal, nos quedamos horas extra sin rendir de la manera que queremos. Sólo lo hacemos porque no nos animamos a decir que nos queremos ir y que creemos que vamos a hacerlo mejor al día siguiente, con un humor renovado por haber descansado.

4. Sentirse llena

Esto no quiere decir estar perfecta, pero sí poder dar lo suficiente para estar bien, realizada. Ya sea comer bien para tener energía, dar lo mejor de mí para lograr algo, hacer una buena acción para que otro se sienta feliz. Reviso esas pequeñas cosas que me pueden ayudar a sentirme plena: hacer algo de actividad física o lo necesario para mi cuerpo o tomarme una copa de vino a la noche.

En mi caso, me siento llena cuando me alimento de una manera que me aporta energía para el resto del día, cuando tengo una reunión que me inspira, cuando conozco a alguien de quien aprendo, cuando hago actividad física.

5. Hacernos un mimo

Pueden ser diferentes y dependen del momento en el que estemos. Para mí, antes era ir a hacerme las manos y los pies, o ir de shopping y comprarme algo que me gustara. Ahora disfruto más poniéndome una máscara facial, un baño de crema, haciéndome masajes o cocinando algo rico, a veces también, comprándome un libro.

Sea cual sea el mimo es necesario porque nos conecta con una misma y alimenta la relación con nosotras, nutriéndonos y dándonos más energía para seguir. Posiblemente, ese mimo es no hacer nada, lo cual también está bien. Muchas veces lo vemos como un momento en el que perdemos el tiempo o que podría aprovecharse haciendo algo más importante. Pero, a veces, es muy necesario pasar un rato sin hacer nada.

6. Aprender a decir que no

Esto es algo que nos cuesta mucho. Es parecido a pedir espacio: a veces, simplemente no queremos hacer algo porque no lo sentimos y no porque tengamos otro compromiso. Tiene que ver con poner nuestros propios límites, con saber qué es lo que me nos a hacer sentir bien o mal.

7. Respetar nuestra rutina y hábitos

Busco espacio en mi día para hacer eso que me hace bien y respeto esos momentos como algo sagrado, algo necesario, algo muy importante que no se pueda cambiar.

A veces no me resulta fácil seguir con mi rutina de una dieta balanceada, sana y nutritiva, y tengo que cambiar algunas cosas. Pero siempre trato de dar lo mejor que puedo y me adapto.

Lo más importante de estos 7 pasos para tener una mejor relación con nosotras, es que no queden en estas páginas, sino que los llevemos a cabo.

Círculo consciente: relaciones

- ¿Cómo son nuestras relaciones en general?

- Si tuviéramos que elegir una relación en la que nos sentimos más flojas, menos conscientes, menos plenas, ¿cuál sería?

- ¿Cómo se sienten en el cuerpo: la familia, la pareja, los amigos, el trabajo y tú misma?

- ¿Qué faltaría para que esta relación sea más consciente?

- ¿Sentimos que la insatisfacción se da por parte de la otra persona o por parte nuestra?

- ¿En cuál de estas relaciones nos sentimos más conscientes?

- ¿Cómo la podríamos definir?

- ¿Por qué nos sentimos más consciente en esa relación?

- ¿Cómo es nuestra actitud frente a esa relación y cómo lo es frente a la que sentimos menos consciente?

- Si nos visualizamos conscientes con la relación que más frecuentamos, ¿cómo se siente en nuestro cuerpo?

- ¿Cómo nos vemos desarrollando este lugar?

- ¿Podremos dibujarnos?

Antes de construir una relación consciente con otra persona quiero hacer una linda pareja conmigo misma.

"Para muchos de nosotros es un lujo contar durante el día con un tiempo propio en el que podamos tumbarnos y reflexionar. Esos son, por lo que respecta a la creatividad, algunos de los momentos más valiosos de nuestra jornada".
Daniel Goleman

Si aspiramos a una vida con mayor consciencia, cómo vivimos nuestra pareja no puede ser la excepción. Pero, ¿qué es una que sea consciente? Como yo lo entiendo, se trata de una en que la relación es de equidad. En que cada integrante respeta la individualidad del otro, pero también la propia. Una pareja consciente no busca callar lo que le hace ruido, lo que le molesta, aquello que quiere cambiar. Al contrario, tiene herramientas de comunicación sólidas. Una pareja consciente tampoco cae en echar culpas constantes al otro, sino que tiene autocrítica, tan necesaria para crecer. Una pareja consciente cuida el trato en el día a día, está al tanto de su propio deseo, pero también dispuesta a acompañar el deseo ajeno, con respeto, compañerismo y amor. Pero, sobre todo, una pareja consciente sabe que nadie es perfecto y, por ende, ninguna relación tampoco lo es. Se trata de reconocer los desafíos de a dos y, al día siguiente de a dos también, estar dispuestos a volver a empezar.

Consciente de mi consumo

Este es un tema con el que empecé a involucrarme hace, aproximadamente, dos años. Siempre me preocupó la contaminación ambiental, pero llegó un momento en el que decidí comprometerme con el tema y, fundamentalmente, actuar.

Todo empezó en un campeonato de surf, cuando tenía catorce años. Me tocaba competir en la semifinal del circuito argentino en el norte de las playas de la costa atlántica. No me olvido más de ese momento, porque mientras remaba hacia la corriente de pronto me vi rodeada por un mar completamente contaminado. Mientras braceaba para subirme a la tabla podía tocar bolsas de plástico, pañales y hasta una toallita femenina. Esto no solo me causó asco y repulsión, sino que también generó muchísimo malestar en mi cuerpo. Estaba por competir y me chocaba con residuos que me impedían continuar. Lo que debía ser una superficie verdosa y mecida por el viento era la imagen del descuido y el maltrato humano hacia la naturaleza. No podía imaginarme porqué la gente dañaba el mar de esa manera, por qué no podían entender su belleza y generosidad. Sentía que todo lo que estaba viendo era muy cruel. Ese día ratifiqué una sensación que me había acompañado toda la vida: mi unión con la naturaleza estaba muy vinculada a querer protegerla, a no permitir que estas cosas sucedieran de una manera tan violenta y alevosa.

A lo largo de los años, no fui parte activa de esta causa, pero hoy me uno a ella al cien por ciento. Desde una nueva perspectiva, reconozco que durante los años que trabajé en la industria de la moda me comporté como una consumidora totalmente inconsciente. Creo que muchos factores me llevaron a ello, pero sin dudas, uno de los más influyentes fue el ambiente laboral en el que me movía, ya que me demandaba consumir constantemente.

En mi tiempo libre solía ir de compras. Me hacía sentir bien y mucho más cuando se trataba de ropa para mis eventos, reuniones, salidas. Siempre repetía el mismo círculo vicioso: compraba todo lo que estaba a la moda, me aburría y volvía a comprar. Iba a tiendas sin que me importara cómo fabricaban sus productos ni tampoco prestaba atención a su calidad. Sólo era importante el calce de las prendas, su estilo y si eran acordes al código de vestimenta que requería determinado acontecimiento.

Vivía como una imposición social el vestirme de forma diferente todos los días. Por lo tanto, tenía que comparar y analizar varias opciones y como mi sueldo no alcanzaba para acceder a las primeras marcas, recurría a las ventas de segunda mano en las que se podían encontrar grandes liquidaciones y descuentos. Las consumidoras como yo nos volvíamos locas peleándonos por las colecciones. Otras veces, consumía marcas *fast fashion*. Este es un concepto muy presente en la actualidad, se refiere a vender colecciones cada seis semanas. Sí, ¡así como suena! Diferentes marcas realizan en China o India una colección entera y la presentan en este lapso de tiempo. Lo importante es fomentar la rapidez en el consumo y no saber quiénes ocupan el lugar de "mano de obra", bajo qué condiciones laborales lo hacen y de dónde provienen los materiales que utilizan. Sencillamente, terrible. Y ahí estaba yo, trabajando en una empresa *fastfashion* y consumiendo sus productos porque, claro, no hay nada mejor que te paguen parte de tu salario en ropa con un descuento del sesenta por ciento. Gran parte de la industria de la moda funciona bajo esta lógica, ya que si se vende no importa o incomoda lo que hay detrás de los modos de producción, ¿no? El centro de la cuestión es que la rapidez con la que se elabora una colección está relacionada con que las tendencias cada vez pasan más rápido y surgen alternativas nuevas a cada a instante. Esto representa un gran dilema que, creo, solo se puede terminar si logramos un cambio de consciencia radical y a nivel mundial.

La pelea por conseguir precios bajos, negociar con los fabricantes en China e India para que cobren lo mínimo y produzcan en tiempos récord, son todos elementos de un sistema de total explotación. Y ni pensemos en la edad de los chicos y chicas que pasan sus días en estas fábricas bajo las peores condiciones de vida.

Hoy, consciente de mi consumo y de trabajo, puedo decir que tuve la "suerte" de vivir esta experiencia en carne propia. Visité personalmente este tipo de talleres, por lo que nadie puede decirme como son. Es muy triste y desesperante saber cómo funciona este mercado multimillonario, del cual no quiero saber absolutamente nada más. Me desligué por completo. Maltratos, gritos, transacciones ilegales, empleos en negro, ocultamiento de la información, eran algunas de las prácticas más frecuentes. Esta fue una de las mayores razones por la que renuncié, recibía esa energía negativa y densa en mi espacio laboral, y me dediqué a buscar mi verdadero propósito, a hacer algo consciente.

Hoy puedo decir que mi consumo cambió. Apenas terminé mi anterior trabajo, fui a Bali en donde conocí a una costurera a la que le llevé tela que había comprado y le pedí que me hiciera algunos vestidos. Como era una apasionada de la moda y ya sabía hacer figurines, dibujé exactamente lo que quería. Por primera vez era testigo del proceso y me involucraba en él. Disfruté muchísimo de ver a la costurera volviendo realidad mis diseños paso a paso, de manera amorosa y artesanal. Fui consciente de la elección de la materia prima, del proceso, de las personas involucradas y su detallado trabajo, del tiempo necesario para hacer una prenda y del resultado alcanzado.

Hoy, cada vez que voy a consumir ropa, primero chequeo de qué materiales está hecha, cómo la fabricaron y dónde. Trato de comprar solamente en marcas sustentables o que estén involucradas con la causa del medio ambiente.

Creo firmemente que, si seguimos consumiendo ciegamente, fomentando la continuidad de un sistema de producción completamente explotador, no va a haber más recursos naturales que lo sustenten ni creceremos en el respeto por la dignidad humana.

No quiero focalizarme solamente en la industria de la moda, aunque es la que más me afectó, porque a partir de esa experiencia fueron surgiendo otras preocupaciones por el consumo en general.

Cuando volví a Argentina me interesé de lleno por la sustentabilidad. No fue por pura casualidad, sino que gracias a toda la comunidad del yoga y a una gran búsqueda espiritual fui conociendo gente que la practica como un estilo de vida. Gracias a ellos aprendí a sumergirme en esta causa con toda la voluntad de aprender y de crecer.

A medida que me fui informando sobre alternativas para lograr un consumo más consciente, cambié hábitos que antes me parecían absolutamente naturales e inocuos. Por ejemplo, cada vez que salgo de casa y sé que me faltan cosas en la heladera, llevo mi bolsa de tela y mi botella de acero inoxidable que, a pesar de que ocupa un gran lugar en la cartera, también forma parte de mi kit. Sorbete re utilizable y taza de café, son algunos de los elementos que siempre tengo a mano.

Soy más consciente ahora del uso del papel y del agua. Habitualmente me pasa que cuando voy al quiosco, compre lo que compre, me ofrecen una bolsita de plástico, un vaso descartable o un sorbete. Acciones que antes daba por sentado ahora logran mi mayor enojo. Definitivamente, no lo puedo aceptar, no puedo entender cómo no evitamos estas pequeñas acciones que mejorarían visiblemente nuestro entorno. Reconozco que esta situación logra alterarme y ofuscarme, pero verdaderamente, es algo que no quiero que siga ocurriendo, no quiero que supongamos que todos los gestos son nimios e insignificantes. Todo suma.

Packaging, envoltorios, papel de regalo, moños, cajas, todo eso se utiliza una sola vez, es únicamente algo visual, accesorio y superficial que van a parar directamente a la basura. Más allá de las buenas intenciones de halagar o felicitar a alguien con un presente, la cantidad de desperdicios que generamos hace evidente que no somos conscientes al momento de analizar y realizar nuestro consumo.

Este cambio de consciencia al que apunto está vinculado con uno que sale desde el interior. Si yo no soy consciente de mi comportamiento y mi estado mental, no es difícil pensar que sea inconsciente con mi consumo.

Debido a mi preocupación por este tema y a mi vínculo con la causa del cuidado del medio ambiente, me uní a diferentes organizaciones. Una de ellas y a la cual más admiro, es Bioguia.

Algunas de las afirmaciones que la empresa hace sobre su hacer consciente me permitieron estar convencida de sumarme a su causa. "Nuestra propuesta de iniciar un camino de bienestar interno y externo es el impacto real que generamos en Bioguía y, al mismo tiempo, el diferencial que nos constituye como mucho más que una compañía. En Bioguía somos una familia de personas orientadas profesionalmente a comunicar la sostenibilidad como "sentido común", a diferencia de únicamente individual."

Ellos me eligieron como su embajadora debido a mi trabajo con lo espiritual ya que es algo que fomentan muchísimo, pero de a poco, debido a su enfoque holístico, me fui involucrando con y en el cuidado del medioambiente.

Entonces, como aquella vez en la que estaba sobre mi tabla en el mar, sentí nuevamente una gran preocupación por la contaminación de los océanos. Formé parte de muchos grupos que se dedican a la limpieza de las playas y siempre que voy a hacer surf, aunque esté sola, junto la basura de la arena después de meterme al mar. Sin embargo, estos gestos individuales o grupales son insuficientes. Lo que me preocupa es la falta de educación en la sociedad y la forma en la que depositamos nuestros residuos.

Por mi cercanía casi cotidiana con la costa, más de una vez vi gente tirando desperdicios en la playa. Generalmente, mi actitud era atacar a la persona que lo hacía porque consideraba que era un acto deliberado, dañino e irresponsable. Aun así, trataba de dirigirme de la forma más respetuosa posible pero, muchas veces, no me salía. No entendía cómo alguien podía estar haciendo eso, cómo podía dejar que a su residuo se lo llevara el mar bajo la premisa de que "si no lo veo ya no está".

Mis intervenciones en defensa de la causa del medio ambiente hicieron que me insultaran en repetidas ocasiones. Una vez le pregunté a un chico si iba a levantar lo que había tirado en la arena o si lo iba a tener que hacer yo. Su reacción fue muy fuerte, me dijo que no me metiera, que era su vida y que yo no era quién para decirle lo que debía o no debía hacer. Dejando de lado su enojo, le respondí que el problema no era solo suyo, sino que el medio ambiente era de todos y que por lo tanto todos teníamos que cuidarlo. Por supuesto la situación no terminó bien ya que, además de seguir insultándome, me dijo que él no iba a levantar lo que había tirado. Para que pudiera ver que no se trataba de una confrontación para saber quién tenía la razón y quién no, hice yo misma lo que le solicitaba: tirar su basura. Dudo que eso haya provocado en él un cambio de consciencia porque, como dije anteriormente, estos deben venir del interior y ser producto de una transformación espiritual.

En otra ocasión, dos hombres que tomaban cerveza y fumaban en la playa, no tuvieron mejor idea que tirar las latas y las colillas a pocos metros de donde estaban parados. Siguieron charlando como si nada hubiese ocurrido, suponiendo que nadie diría nada al respecto, aunque la playa estaba llena de turistas. A pesar de que la amiga con la que estaba dando una caminata junto al agua me dijo que por favor no me metiera, que sabía que yo tenía razón pero que el hecho de que los hombres estuvieran alcoholizados hacía más peligrosa la situación, no pude evitar confrontarlos. Me acerqué y les pedí, de la mejor manera posible, que tiraran sus cosas en el tacho de la basura. Los hombres me miraron como si no entendieran de qué les estaba hablando y me dijeron algo tan machista y degradante que hasta me da vergüenza escribirlo.

Después de eso me sentí triste, avergonzada. Pensaba que no iba a poder cambiar nada, que esas reacciones tan fuertes ni siquiera se asociaban a la causa que defendía, por lo que decidí no decirle a nadie más qué hacer con su basura.

La manera más efectiva era provocar la reflexión, la toma de consciencia a través de la difusión de la temática por medio de este libro, a partir de las charlas que dicto y, por supuesto, dando el ejemplo con mi propia acción.

Ambientes sostenibles

En la actualidad, muchas marcas se involucran cada vez más con esta causa. Realizan campañas de publicidad en las que se propicia el cuidado del medio ambiente y para ello cuentan los aspectos sostenibles de su producción como, por ejemplo, la utilización de productos naturales para frenar la contaminación. Demuestran así prácticas conscientes dentro de las empresas que evidencian que el interés por comportarse de manera amigable con el medio ambiente es, cada vez más, una prioridad y se adoptan diversas formas.

Muchos expertos en el tema consideran que esta actitud empresarial está lejos de ser una toma de consciencia real, sino que solo corresponde a una moda y que muchos empresarios se involucran porque no quieren correr el riesgo de quedar fuera de ella como tendencia de consumo. Otros, sin embargo, lo ven como un cambio de consciencia real que es sumamente necesario para el planeta y la sociedad en general. Estos últimos consideran que solo grandes organismos con capital y presencia en el mundo, pueden empezar a frenar la contaminación y a generar este cambio.

Al finalizar la universidad escribí mi tesis sobre "Responsabilidad Social y Moda", esto fue aproximadamente hace 8 años. Desde joven este tema había comenzado a interesarme al punto de investigarlo en profundidad.

Haciendo ese trabajo descubrí que muchas marcas generan estrategias de comunicación eligiendo causas sociales o ambientales que se relacionen con los valores de la compañía.

Algunas empresas siembran primero las bases sustentables y, a partir de ahí, se organizan. De ellas quería hablarles, por lo que voy a presentar tres casos que me gustan muchísimo.

Xinca Eco Shoeses es una marca 100% sustentable, la empresa es clase B y fue creada por tres amigos mendocinos. Desarrollan, principalmente, calzado a partir de materiales reciclados o re utilizados como neumáticos fuera de uso y residuos de la industria de la moda.

Pero lo que hace únicas a sus zapatillas es la gente que las fabrica. Eligen trabajar con más de 80 internos del Penal San Felipe en la ciudad de Mendoza. De esta manera buscan darles herramientas para que cuando salgan de la cárcel tomen mejores decisiones para sus vidas.

Su fundador, Alejandro Malgor, afirma:

¨Hace unos años empezamos a escribir un nuevo capítulo en la vida de muchas personas. Desde dar trabajo hasta inspirar a una nueva generación de emprendedores. Mucha gente sonríe de nuevo gracias al trabajo que hacemos desde Xinca. Hemos pasado momentos duros. Pero sabíamos que crear una empresa poniendo al planeta y a las personas antes que nosotros iba a ser lo más revolucionario que íbamos a hacer en nuestras vidas¨.

¿Qué más podrían hacer para desarrollar un producto sostenible? Desde la materia prima hasta la confección del calzado, todo está sumamente cuidado. Este caso realmente me emociona, ojalá hubiese muchos más de este tipo. Los dueños no solo les están dando trabajo y oportunidad laboral a personas que no la tienen, sino que también realizan un producto de calidad, estético y transparente en su ciclo de prácticas de producción.

Otro ejemplo es *Greenpacha*, que también me gusta mucho. "Es el fruto de una inspiración para honrar y ayudar a preservar a través del diseño, tradiciones ancestrales artesanales", dice su creadora, Florencia Gomez Gerbi.

El tejido de paja toquilla es uno de los más hermosos para tejer sombreros que protejan del sol. Totalmente sustentables, los sombreros *Greenpacha* son tejidos a mano con amor por las artesanas de las montañas ecuatorianas. Cada sombrero está hecho a mano con finas hebras de paja toquilla, una palma que crece de forma sustentable en la costa de esa región Inca.

Los valores de esta empresa son los del mundo mejor que quieren crear: amor por la naturaleza, amor por la creatividad y respeto a la diversidad humana. Tiene su sede central en La Jolla, California, y los sombreros se venden en tiendas de todo el mundo que están alineadas con un consumo más consciente y sustentable

MICHU nace en honor a un alma hermosa, nos cuenta Belén Reyna, creadora de la marca. Era mi mejor amiga desde los 3 años y unos años después que falleciera, cree Michu Buenos Aires en su honor. Fue para mí como una forma de transformar el dolor. Ella es inspiración de nuestras mentes y la fuerza de nuestros cuerpos. Sentimos que estamos en esta vida para dar amor, conectarnos con nuestro verdadero ser, y compartir. Nuestra forma de expresarlo es a través de nuestro trabajo diario, tanto interno como externo, los productos que hacemos. Y por consiguiente, en nuestra marca. Vamos a la esencia, vestimos el alma. MICHU es un estilo de vida. Es caminar a paso lento, conectando con nuestro propio ritmo. Es búsqueda personal y aprendizaje constante. Es el Universo ofreciéndote lo que necesitas.

Nuestro objetivo es crear prendas únicas y atemporales, de calce amable y que mantengan su esencia en el tiempo. Cada una de ellas, desde su concepción, fueron pensadas para acompañar y fluir junto con la energía de la mujer que las vista. En nuestro camino a la sustentabilidad, elegimos ser conscientes de cada arista del proceso productivo. Nuestros valores: transparencia, respeto y equidad. Trabajo ético. Moda responsable. Buscamos que cada uno de nuestros diseños sean únicos, como lo es la singularidad que diferencia cada alma. Creemos que conjugando el carácter individual de cada prenda con la energía que distingue cada alma, podemos alcanzar la sinergia y la pureza que buscamos entre ellas.

Creemos que la sustentabilidad es una camino que se crea todos los días y vamos dando pasos firmes hacia un mundo mejor.

La fusión con Mujeres Conscientes es una de esas alianzas que nos llena de orgullo y alegría compartir. Estamos creando una línea de productos con historias para que todos puedan ser parte de nuestro universo.

Con una amiga, Tiare Aguerre, organizamos y realizamos un encuentro llamado "Conciencia Colectiva". Teníamos como objetivo ayudar a pequeñas marcas a contar su historia, reunirse para potenciar sus ideas y hacerse más conocidas. Muchas que están empezando y queriendo generar consciencia, no cuentan con mucho capital para poder invertir en publicidad, de esta manera los ayudamos a crear contenido que pudiera difundir su trabajo.

En el encuentro, tres profesionales hablaron sobre el consumo responsable y compartieron estadísticas que dejaron a muchos impactados y preocupados. Los expertos también explicaron a los dueños de las pequeñas empresas cómo empezar desde cero, paso a paso, porque ser 100 % sustentable es algo muy difícil de lograr de un día para el otro.

Justamente en esto quiero enfocarme y hablarles a ustedes de manera muy directa. Es difícil hacer un giro radical en nuestros hábitos y dejar, por ejemplo, de consumir plásticos. Abandonar costumbres que tuvimos durante toda nuestra vida puede no ser sencillo, pero sí se puede empezar de a poco.

El día anterior al encuentro había ido a una heladería y le pedí al empleado que cuando me diera el helado no incluyera la cucharita. Él no entendió por qué le estaba pidiendo eso y hasta miró con asombro y risa a su compañero de trabajo. En ese momento pensé qué cara pondría si supiera que las cucharas de plástico tardan muchísimo tiempo en degradarse. Lo mismo ocurre cuando en una heladería nos dan a probar dos o tres sabores, luego de un minuto dos o tres cucharas de plástico van a parar a la basura sin ninguna razón.

Como verán, este es un tipo de cambio que puede lograrse rápidamente aplicando consciencia. Al igual que las bolsas de tela, los sorbetes, los vasos de café… es solo pensar antes de consumir, ponerle ganas y no elegir la opción más fácil, más rápida.

Considero que hay mucha falta de información y que, si esta estuviese más a mano, todo cambiaría.

Un día, en el retiro Mujeres Conscientes, fuimos a hacer plogging, una actividad física que consiste en juntar basura en la playa mientras se realiza una caminata. Fue una bella experiencia. Luego del yoga y la meditación este grupo feliz de diez chicas se encontraba caminando y recolectando basura en la costa de La Brava, en Uruguay. Si queremos cambiar el mundo hay que ponerse en movimiento, pensamos entonces.

Estábamos felices con nuestra actividad, pero lo más asombroso fue que luego de un rato, las diez nos habíamos convertido en veinte. ¿Qué había pasado? La explicación es sencilla, mientras caminábamos por la playa mucha gente se acercó a preguntarnos qué estábamos haciendo. Querían saber si estábamos involucradas con alguna organización y si juntábamos basura por obligación. Cuando les respondimos que todo lo hacíamos por motus propio, en seguida se unieron a nuestra tarea.

Los desperdicios ya estaban antes de que llegáramos, pero solamente cuando nos vieron, quisieron sumarse como si representáramos a la vez un espejo y una motivación. No los invitamos ni les pedimos que vinieran, al contrario… ellos nos pedían permiso a nosotras para participar. Fue una sensación muy linda ver cómo todos juntos podemos potenciarnos para luchar contra una causa que nos afecta tanto. Ese día me asombré ya que habíamos creado una comunidad de trabajo sin darnos cuenta. Pensé que, más allá de la información con la que contaba esa gente que ni siquiera conocíamos, fue suficiente considerar el fin como válido para que colaboraran con nosotras. No hizo falta justificar nada, los hechos hablaban por si solos así que no quedaba nada más que poner la consciencia y la coherencia en marcha.

7 PASOS PARA CONSUMIR DE MANERA MÁS CONSCIENTE

La idea es dejar de agotar los recursos de la Tierra en nuestro consumo. Un consumidor consciente presta atención a proteger al planeta, cuida su dinero evaluando hacia dónde va y cómo lo utiliza.

1. Comprar únicamente lo que se necesita, sin cometer excesos

No está mal comprar pero evalúo si puedo seguir mi vida con naturalidad sin contar con eso que deseo.

2. Prestar atención a las consecuencias de la compra en nuestra vida y en el medio ambiente

¿Cómo está hecho este producto? ¿Fue elaborado de manera ética? ¿A dónde irá cuando deje de ser útil? ¿Puede ser reciclado? Puedo investigar también las prácticas laborales y sociales que se desarrollan dentro de la empresa de que se trate.

3. Elegir las empresas B, las *"benefit corporations"*

Estas empresas B, *"benefit corporations"* (B-corps o Empresas B) además de tener objetivos de rentabilidad, buscan provocar un impacto social y ambiental positivo. Elegirlas a la hora de consumir, puede ser un buen comienzo ver cuáles tienen etiquetas ecológicas.

4. Apoyar el mercado local

En lugar de beneficiar con nuestra compra a grandes corporaciones multinacionales, deberíamos apoyar al mercado local, las verdulerías de nuestro barrio, los minoristas, las pequeñas empresas y organizaciones para ayudarlos a crecer. Además, suelen tener menos packaging por lo que su impacto ambiental es mucho menor. Ferias americanas, de garaje, mercado de pulgas, son otras maneras de ejercer el consumo consciente y responsable, ya que de esta forma re utilizamos y hacemos que se produzca menos contaminación.

5. Cuidar el trato de quienes nos atienden

Seamos conscientes cuando vamos a consumir y prestemos atención al trato que damos a los vendedores que nos atienden en los comercios. Tengamos presente que muchos de ellos pasan todo el día parados detrás de una caja o mostrador, recibiendo actitudes de otras personas que no siempre son positivas.

6. Separar la basura en casa

Por lo menos, dejemos los plásticos a un lado. Si podemos disponer de una compostera para degradar los restos de comida, cáscaras de fruta y todo material orgánico, sería ideal. Cuando estemos en la calle procuremos guardar los residuos y no tirarlos en cualquier cesto. Por último, antes de desechar algo que ya no vayamos a utilizar, pensemos si puede ser útil para otra persona.

7. Efecto contagio

Contagiemos nuestro compromiso para generar más consumidores conscientes. Enseñemos a emplear estos hábitos para que haya una consciencia colectiva de cuidado y protección del medio ambiente.

Water Journey

¿Cómo se relaciona la contaminación plástica con la consciencia personal? ¿Por qué estoy escribiendo este aporte en el libro de mi amiga?

Creo que la vida junta a las personas que están en la misma sintonía, en el mismo camino de crecimiento. Eso fue lo que me pasó con Agus, juntas vibramos consciencia y eso crea una unión de amistad real. Mujeres conscientes. Vivir de esta forma te acerca a tu lado más verdadero, la esencia humana a flor de piel. La consciencia personal te acerca al medio ambiente desde el cuidado hacia el otro y el respeto a lo natural. Si comenzamos a respetarnos, comenzamos a respetar a la Tierra.

Mi encuentro con la sustentabilidad nace a través del deporte *Standup Paddle*. El contacto con el agua me ayudó a superar un gran quiebre en mi vida y a transformar mi crisis en un desafío. Cada vez que salía a remar me animaba a transitar emociones que en tierra me eran imposibles de afrontar. De esta forma, el rio y el mar se convirtieron en el vehículo para mi apertura y crecimiento verdadero. Hicieron que mi vida cambie por completo, y me propuse vivir más cerca de la naturaleza dentro la ciudad. Cada vez que salía con mi tabla a remar veía en el rio cantidades de plásticos como si fueran parte del ecosistema rioplatense. Cuanta bronca me generó vernos a nosotros, los humanos, invadiendo de esta forma tan violenta nuestra propia casa. Fue cuando arrancó mi trabajo de investigadora intuitiva amateur, teniendo como propósito entender a fondo la contaminación plástica para poder comunicarlo a mi manera. Por eso les quiero dejar las claves de mi estudio, explicándoles de la forma más fácil posible.

El eje del problema radica en el consumo humano. Los residuos plásticos son creados por nosotros, en cambio en la naturaleza el término basura" no existe, todo tiene una razón de ser. Los plásticos que terminan en el océano les pertenecen a todos los habitantes de esta tierra. El sistema de recolección de residuos en el mundo está completamente en *default* y como sociedad ya no sabemos qué hacer con la cantidad que generamos.

Cuando consumimos plásticos tenemos dos opciones, reciclarlos o tirarlos al tacho o canasto. Acá comienza el camino de la basura, uno que nadie conoce muy bien. Solo sabemos que está todo en una bolsa negra, que alguien viene con camiones, se la lleva, la entierra y listo. Lo que no queremos ver es debajo de la alfombra. Si decidimos que vaya al tacho convencional pueden suceder dos cosas:

1. Que la bolsa intacta se la lleve el camión y la entierre en basurales a cielo abierto. Estando ahí, los plásticos, con el paso del tiempo liberan sustancias químicas que terminan en las napas subterráneas de la tierra. Éstas se conectan con el rio y éste con el océano.

2. Pero, por lo general, las bolsas se rompen o se abren y muchos plásticos terminan tirados por las veredas. Las ciudades tienen un sistema pluvial que desagota toda el agua de lluvia en los ríos. Entonces, cuando llueve todos los plásticos que andan dando vueltas terminan allí.

Pero, ¿qué pasa cuando el plástico llega al mar? ¿Cuánto tarda en degradarse y cómo lo hace?

El plástico se biodegrada con la radiación UV, bajo un proceso que se llama foto-degradación, que puede tardar de 10 a 100 años. El sol rompe de a poco estas piezas grandes y las transforma en pequeñas partículas llamadas "micro plásticos".

Las especies marinas no las detectan como partículas extrañas a su eco sistema y lo comen como si fueran parte de su cadena alimenticia. El ciclo del plástico termina como empieza, con nosotros, los humanos, que consumimos las especies marinas y las ubicamos en nuestra pirámide alimenticia sin darnos cuenta que ellas traen consigo nuestra propia basura. "Todo lo que das vuelve, lo bueno y lo malo" y en este caso la naturaleza nos está devolviendo todo lo que nosotros queremos ocultar.

Pero no nos desanimemos, estamos a tiempo de revertir esta situación y la clave es nuestro consumo. Elegir no consumir plástico es un cambio de hábito que beneficia una causa superior a la personal. Realmente se puede vivir en la ciudad y seguir conectados con la naturaleza.

Soy naturaleza en su máxima expresión y mi consumo tiene que ver con cuidar a la tierra. Agradezco todo lo que nos da diariamente, sin maltratarla, sin cometer excesos, llevando y expandiendo esta consciencia a mi alrededor y al mundo.

INVITADA:
AGUSTINA HOUSSAY

Recién hoy puedo decir que soy sustentable. No lo soy porque deje prácticamente de usar plástico, por ser casi vegana, por buscar feliz mi súper bolsón de verduras y frutas orgánicas, por hacer plogging, levantado toda la basura mientras que los vecinos del barrio, o las vacas en el campo, ¡me ven como una loca!

Tampoco soy sustentable porque amo andar en mi bicicleta, por hacer yoga, o hacer mensajes y masajes para el alma.

Ni siquiera por amar la naturaleza y hacer lagartijas a la noche.

¡Hoy puedo gritar que soy sustentable porque me animé a ser!

Porque lloré hasta no poder más para cambiarme sin tener ayuda o saber por dónde empezar.

Me llamo Agustina Houssay me dicen Agus y les quería compartir mi pequeña historia, inexistente para el cosmos, pero gigante para mí.

Nací con la desgracia de ser discapacitada, o así el mundo me lo hizo sentir. Mi mamá se dio cuenta de que era sorda cuando tenía un año. Parece que mis amigos se asustaban con un ruido que yo nunca conocí. Estuve aislada, en mi mundo, en silencio. ¡Que desgracia! y pensar que ahora los hoteles más lujosos del mundo se posicionan como "hoteles del silencio".

No conocía mis secretos, ni mis dones.

En el colegio sentí que era una tonta. nunca aprendí nada. Parece que era más fácil dejarme pasar de año, que dedicar tiempo en enseñarle a alguien distinto.

Tuve mucho tiempo y ese silencio me hizo un ser sensible. Me dedicaba a observar, a leer labios, a perderme a veces y hacerme la desentendida otras.

Qué linda la sensibilidad hasta que tus viejos se separan y todo ese sueño en el que vivís se desploma. Eso fue exactamente lo que me pasó cuando comencé la adolescencia, cuando me empezaban a gustar los chicos, pero era "discapacitada". Sólo quería ser aceptada, pero a cambio me hacían *bulling*.

Este era mi combo: sorda + sensible + padres separados + adolescencia + bulling + San Isidro + Tinelli, Revista *Gente*, *Influencers* = ¡anorexia!

¡Hoy puedo gritar que soy sustentable! Porque empecé a abrazar mis defectos y a dudar de mis virtudes.

Porque soy una luchadora, porque entendí que la vida está para vivirla y hay una sola, porque ese amor propio que construí de la nada lo quiero llevar a cada lugar que habite y a cada momento que viva.

Porque entendí que todos somos únicos e increíbles.

Porque ser sustentable es ser uno mismo y hoy más que nunca soy yo.

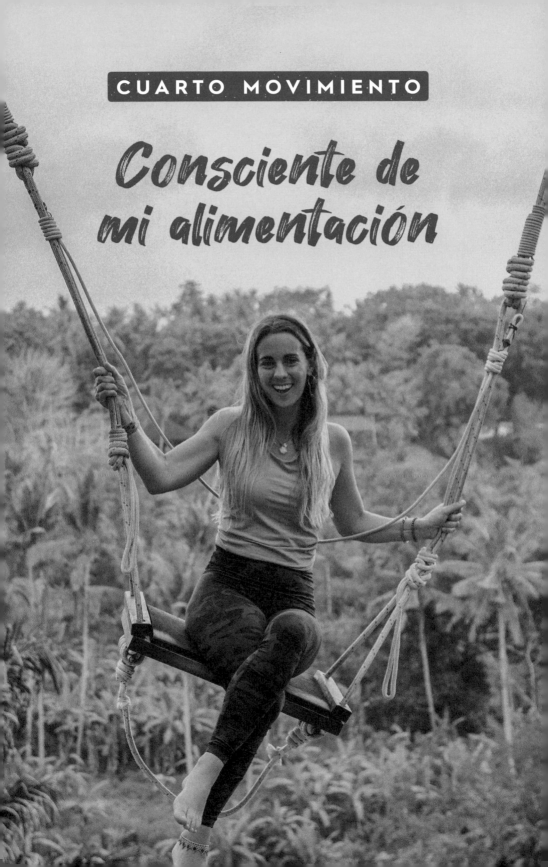

CUARTO MOVIMIENTO

Consciente de mi alimentación

"Que tu alimento sea tu medicina", leí una vez.

Desde hace muy poco tiempo, esa frase cobró para mí un verdadero y profundo significado, Fue cuando empecé a alimentarme de una manera que provocó que mi cuerpo se sintiera enérgico, activo y, al mismo tiempo, más fuerte.

Durante muchos años solía mirar las calorías de todo lo que comía sin importarme si el alimento tenía proteínas, vitaminas, ni qué lo constituía. Viviendo en Londres y trabajando en la industria de la moda, como les conté antes, comía muy mal. Todo lo que consumía era súper manufacturado, no sabía de dónde venía. Las frutas congeladas por mucho tiempo tenían el color más perfecto y brillante posible, pero muchas veces, ni siquiera sentía su sabor. Solo tomaba gaseosas o jugos y nada de agua. Me sentía deshidratada y calmaba esa sensación con gaseosas o café. Tomaba vino casi todas las noches y también fumaba.

Eso quedó en el pasado. Después de haber cursado mis profesorados de Yoga empecé a tomar consciencia respecto de mi alimentación y de mi consumo de alcohol. Durante un tiempo dejé de tomar bebidas alcohólicas por completo pero mi formación me ha llevado a comprender que los extremos tampoco son la respuesta. Actualmente, disfruto de tomar algo que me guste, un trago con frutas o una cerveza bien fría, pero no es algo que me provoque una necesidad en el cuerpo imposible de satisfacer. Lo mismo me pasa con la comida: trato de dejar la ansiedad a un lado a la hora de alimentarme. Ahora, cuando estoy nutriéndome con alimentos que me aportan energía, me siento más fuerte y activa. Antes, no volvía consciente el acto de alimentarme, solo pensaba que había entrado comida a mi organismo y eso me alcanzaba.

Cuando viví en Bali, aprendí a que podía comer equilibradamente. Mi cuerpo necesitaba incorporar otros nutrientes porque no podía aprovechar todo mi potencial en las clases de Yoga ni tampoco llegaba despierta al final del día: me quedaba dormida en las clases. Entonces, me hice varios estudios para ver qué era lo que mi cuerpo necesitaba. Fui a un médico chino para que me indicara qué alimentos eran compatibles conmigo y cuáles no. Empecé a informarme sobre los súper alimentos que son la base de mi dieta actual. Me enteré, por ejemplo, de que las naranjas me inflamaban y no me hacían bien. No hubiese pensado que tenía que cambiar mi alimentación radicalmente.

Antes de viajar a Bali no comía carnes rojas, pero una vez allí, también fui dejando el pollo y el pescado. Este cambio me proponía un nuevo desafío: tenía que aprender cómo reemplazar estas proteínas. Todas las mañanas me preparaba huevos revueltos con palta y semillas que me aportaban energía y me mantenían activa todo el día. Empecé a incorporar *smoothies* preparados a partir de lo que se conoce como "súper alimentos" como espirulina, chia, acai, gojiberries, moringa, matcha, a veces maca, turmeric o cúrcuma, cacao, canela, leche de almendras, coco, mantequilla de maní y diferentes frutas como arándanos, banana, mango y maracuyá.

De esta forma, empecé a sentirme mucho mejor. Era común en mi rutina agregarle cúrcuma a mis ensaladas o platos de arroz con verduras, para hacerlos más ricos en nutrientes. De a poco comencé a sentirme con más energía y a hidratarme constantemente con agua de coco o natural, eliminando, así, las gaseosas. Fue una manera sana de desintoxicarme de esas grandes cantidades de azúcar.

A la noche intentaba comer platos calientes, ya sea arroz con verduras, risotto, curry, sushi vegetariano, lentejas, garbanzos. También empecé a reducir la sal que le agregaba a las comidas, ya que antes consumía bastante. Algo que nunca podía rechazar en las sobremesas era el chocolate, pero intentaba que, al menos, siempre estuviera compuesto por un setenta por ciento de cacao.

Este fue el principio de un gran cambio en mi alimentación. El único problema que se me presentaba era cómo continuar esta rutina sin tener todos esos alimentos siempre al alcance de la mano. Empecé a sentir no sólo una gran mejoría en relación a mi energía sino también a la piel: casi no tenía acné, mi circulación mejoraba, mi pelo estaba más sano y brillante. A su vez, por reducir los azúcares me sentía menos ansiosa y lo único que quería era continuar con este estado de ánimo.

Hoy en día, mi rutina matutina es la siguiente: mezclo espirulina con agua en un vaso para empezar la jornada con energía. La espirulina no sólo me levanta el ánimo y me pone de mejor humor, sino que también hace que mejore mi piel, pelo y uñas. La utilizo como un excelente reemplazo del café o jugo de naranjas.

Para superar ese momento en que me dan ganas de comer algo, muchas veces llevo en mi cartera frutos secos. Así evito comer galletitas o golosinas llenas de azúcar o las barritas de cereal que, según expertos, están procesadas de una manera que hace que no aporten cantidades significantes de nutrientes.

Otra opción para esos momentos son los nibs de cacao o cacao en polvo. Son súper energizantes y sanos y también los llevo conmigo en mi cartera o en el auto para cuando me da sueño o necesito energía extra.

Alimentación emocional

En mi camino a través del Yoga y el coaching empecé a escuchar sobre este tipo de alimentación, sobre cómo interfiere nuestro estado emocional con lo que comemos y qué importancia tiene la forma en que lo hacemos. Escuché sobre la comida que llena el vacío existencial, de cómo nuestra ansiedad o nuestro cansancio nos lleva a volcarnos a ésta como vía de escape.

Tener atracones o grandes niveles de apetito en momentos de desesperación en los que no somos conscientes de lo que realmente estamos ingiriendo y que finalmente dañan nuestra salud, muchas veces es un síntoma que puede asociarse a la falta de afecto, ya sea proveniente de nosotras mismas como de los demás. Los conceptos de alimentación y emoción están totalmente relacionados, por lo que debemos estar alertas para no caer en los extremos porque podrían aparecer trastornos alimenticios como bulimia o anorexia.

Muchas veces sentimos que la manera inconsciente de comer es algo que se da normalmente en nuestro comportamiento, que forma parte de una rutina que no nos trae ningún problema. Pero si nos detenemos a observarla podemos distinguir cómo confluyen en ella dos comportamientos que deben estar separados. La consciencia debe hacer su trabajo. Cómo nos relacionamos con la comida tiene que ver con cómo lo hacemos a nivel emocional con nosotros mismos y con los demás.

¿Controlamos esta reacción? ¿Por qué debemos llevar esta tensión a la comida?

Una de mis profesoras de Yoga, Tina Nance, me enseñó una vez algo de lo que siempre hablo y en lo que siempre pienso. Se trata de un espacio entre la mente y la reacción instintiva. Un espacio que, a veces, es corto y otras, cuando logramos llegar a un nivel de mayor consciencia y claridad, puede ser más amplio. Me acuerdo que ella lo marcaba tocándose la frente y medía ese espacio alejando y acercando su mano. Cuando es más grande y tenemos más tiempo para reaccionar, el hambre emocional casi llega a desaparecer. En cambio, cuando la distancia es menor, llevamos ese impulso irracional directo a la comida. Lo ideal sería que ese espacio se pudiera ampliar cada vez más, que podamos tomar consciencia y pensar antes de reaccionar. Así, podríamos ver y experimentar las situaciones cotidianas desde un nuevo ángulo: respirar, analizar y luego hacer.

Cuando actuamos por mero impulso los resultados no suelen ser positivos. Así sucede con la alimentación cuando, por ejemplo, ingerimos lo primero que tenemos al alcance de la mano y, muchas veces, caemos en los dulces, caramelos o harinas refinadas.

"Desamor, abandono, culpa, rabia, celos, rivalidad, angustia o tristeza son algunos de los sentimientos que pueden estar intentando expresarse tras los conflictos con la alimentación. Cuando el espíritu se silencia, el cuerpo habla; cuando nuestra boca no pronuncia lo que sentimos, traga para aliviar la tensión emocional."

Isabel Menéndez

En ese espacio de consciencia la respiración aparece como un factor fundamental. Cuando nos tomamos el tiempo necesario para inhalar y exhalar pausadamente y nuestro cuerpo se llena de oxígeno, nos alimentamos de otra manera y podemos accionar a consciencia.

En uno de los retiros a los que asistí, una de las participantes señaló que a ella le costaba muchísimo ir al baño, a veces pasaban tres días sin poder evacuar y no entendía cuál era la razón, si sólo tenía que ver con lo que comía o si había algo más a lo que no le estaba prestando suficiente atención. Entonces, por lo que aprendí de mis maestros, le hice algunas preguntas. Quise saber qué solía hacer al momento de almorzar, su respuesta fue que habitualmente lo hacía enfrente de su computadora o mirando el teléfono celular. Muchas veces lo hacía estresada en la oficina, mirando la televisión o hablando por teléfono para no sentirse sola. También le pregunté si tomaba líquido mientras se alimentaba y me dijo que sí, que generalmente bebía gaseosas. Inquirí cuáles eran sus hábitos alimenticios y casi no se acordaba de lo que ingería Eso era: había una gran falta de consciencia en todo el circuito de alimentación. Cuando nos alimentamos hay que prestar atención al acto que estamos realizando sin distraernos con otras cosas, ya que no es un simple trámite. Es importante dejar las emociones a un lado porque si no, van directamente adentro de nuestro organismo, las ingerimos junto a la comida y de esta manera se impregnan en nuestro cuerpo. Es fundamental que nos tomemos el tiempo de planificar nuestros platos en vez de consumir lo primero que encontremos. Así, vamos a ser capaces de llevar una dieta variada en colores, proteínas e hidratos de carbono.

Esas son algunas técnicas para mejorar la digestión y poder ir al baño con más frecuencia. Mejor sacar. Ya se entendió, ¿no?

Otra de las chicas que se encontraba en el retiro nos comentó que a ella le costaba seguir una dieta porque cuando iba a eventos sociales o a reuniones, le daban ganas de comerse todo

"Las dificultades con la alimentación son una manera de expresar sentimientos que no pueden ser dichos, así como las emociones que no pueden ser reconocidas o los afectos que desde nuestro inconsciente intentan manifestarse."

Isabel Menéndez

o consumía lo mismo que el resto para no ser mal vista. Muchas se sintieron identificadas con esa anécdota y coincidían en que es algo que sucede normalmente. Cuando estás a dieta o seguís otras rutinas de alimentación como, por ejemplo, ser vegetariana, se convierte en un problema ir a un asado. Tener conducta en estos momentos es muy difícil, pero es importante poder amoldarte al lugar en donde estés sin ser extremista ni dejar de comer. Para eso, podemos averiguar qué es lo que va a haber en el lugar al que vamos y en el caso de que sea algo que preferimos no comer podemos llevar algo sin pensar en que vamos a quedar mal frente a los demás. Hay que perder ese miedo porque cada uno elige alimentarse de la manera que le hace bien y no hay que dejar de hacerlo porque el otro vaya a opinar acerca de nuestra conducta. Empezar a desarrollar este comportamiento nos va a fortalecer y vamos a poder llevar esta forma de actuar firmes, decididas y con nuestros límites claros a otros ámbitos distintos en los que no nos movemos diariamente.

7 TÉCNICAS PARA QUE LA ALIMENTACIÓN SEA MÁS CONSCIENTE

1. Tomarse el tiempo necesario para comer

Es decir, sin estar distraída mirando la pantalla de la computadora o la televisión, o haciéndolo de manera mecánica y rápida. Hay que hacerse un tiempo para mirar la comida, agradecer que la tenemos, distinguir los colores y texturas, ver qué me va a aportar, olerla, saborearla, morder y triturar cada bocado que vamos a ingerir. Procesarla de una manera lenta nos va a permitir tener una buena digestión y así nos sentiremos bien el resto del día. También tenemos que acompañar nuestros alimentos con agua, pero debemos beberla antes o después de las comidas y no durante. Igualmente, se tiene que elegir un plato que nos tiente y que, además, nos alimente, ya que eligiendo algo que no sea de nuestro agrado solo vamos a lograr una mala digestión.

2. Desayunar bien

Ya que es el momento en que más calorías quemamos y lo que comemos por la mañana es lo que más tiempo tarda en ser digerido. Mezclar súper alimentos en el desayuno es una buena manera de empezar tu jornada. Si comemos poco en la primera parte del día, a la tarde vamos a tener mucha hambre, por lo que terminaremos comiendo rápido, lo que nos va a llenar y nuestro cuerpo no va a tener tiempo para hacer una buena digestión y, en consecuencia, vamos a quemar menos calorías.

3. Adaptarse al lugar en el que se esté sin importar la situación

Si se lleva una dieta específica por decisión y no por salud, es necesario que se pueda adaptar a diferentes lugares y que no nos castiguemos si no cumplimos la rutina al pie de la letra. Si no queremos comer harinas y vamos a un asado, podemos comer el clásico chorizo parrillero, pero al plato. Si estamos en la misma situación siendo vegetarianas, avisaremos que no comemos carne para asegurarnos de que haya alguna opción y sino, podemos asistir con nuestra propia vianda. Si estamos de viaje en otro país y llevamos una dieta estricta cuyos elementos son irremplazables, tendremos que buscar equivalentes. Lo importante es que siempre podamos adaptarnos sin que esto afecte el buen humor.

4. Beber mucha agua

Es importante recordarlo varias veces durante el día porque, más allá de que no tengamos sed, nuestro cuerpo necesita estar hidratado para lograr un buen funcionamiento. Llevar una botella de agua como si fuese un accesorio más en nuestra cartera o mochila y recargarla, no olvidar que ayuda no solo a rendir mejor sino también a hacer una buena digestión y poder ir al baño sin inconvenientes.

5. "No es necesario"

Una vez, una amiga me contó que su nutricionista le dijo que recordara esta frase cuando sintiera que se le iba la mano con lo que estaba comiendo. A veces deseamos tomar helado y nos queremos devorar todo el kilo, sí, estamos tentadas y queremos comerlo, pero para qué, si no lo necesitamos. Lo mismo puede pasarnos con una torta, empezar con una porción, dos, hasta llenarnos, pero, ¿por qué lo estaríamos haciendo? Está bueno saber que eso que tenemos tantas ganas de comer puedo conseguirlo mañana o pasado o el mes que viene y no tenemos que comerlo todo en el momento en que estoy tentada o tengo un antojo. Estas dos técnicas siempre me funcionaron y te desafío a que las pongas en práctica.

6. Podemos fijarnos en cuántas calorías consumimos, pero hay que hacerlo bien

Muchas veces, antes de comprar un alimento, miramos la etiqueta con la información nutricional y decimos "tiene 400 calorías, mejor no lo compro y me llevo esto que tiene 200". Por ejemplo, voy al quiosco y estoy entre llevarme una barrita de arroz o una de semillas. Los productos a base de arroz, por lo general, tienen menos calorías, pero al poco tiempo de consumirlos nos vuelve a dar hambre, y nos aportan poca energía. En cambio, una barrita con semillas o cereales seguramente tenga más calorías, pero nos aporta más energía por lo que se aguantará más el hambre. Lo mismo pasa con la mantequilla de maní y el dulce de leche light.

7. No nos castiguemos si en alguna oportunidad no respetamos nuestra dieta

Es decir, que comimos todo lo que nos gusta porque nos dio placer. Disfrutémoslo, no nos arrepintamos ni nos pongamos de mal humor, al otro día podemos cuidarnos o ir al gimnasio a bajar las calorías que consumimos de más. Si está por venir la menstruación y estamos tentadas de dulces, démonos un gusto, esto solo pasa una vez por mes. A veces, cuando nos vamos a dormir, hacemos un chequeo inconsciente de todo lo que comimos durante el día y nos preguntamos por qué lo hicimos, Tratemos de llevar esa consciencia al momento en el que lo estamos haciendo para no llegar a lamentarnos.

INVITADAS: NUTRALOSOPHY

Julieta Caramuti y Natalia Vincent

Es importante llevar una alimentación consciente para que nuestro cuerpo rinda todo el día, para estar fuertes y sanos, para sentirnos livianos y para conectar mente y cuerpo.

Alimentarnos en horarios regulares es una buena técnica, tratar de tener todos los días más o menos los mismos horarios de desayuno, almuerzo, té y cena. No irnos a dormir con la panza llena y pesada, sino cenar temprano para poder digerir bien cada alimento. Es preferible consumirlos ni muy calientes ni muy fríos, buscando el punto medio, a temperatura ambiente, para no forzar al cuerpo y exponerlo a extremos.

Cuando nos alimentamos es conveniente llenar la mitad del estómago con comida, un cuarto con agua y el restante debe quedar vacío para que entre el prana y se pueda digerir bien la comida. Es muy importante darle espacio a este proceso porque, de lo contrario, no estaría completa la digestión y puede darnos dolor de panza o de cabeza.

Cuando cocinamos tenemos que elegir un ambiente tranquilo, todo lo que está alrededor del alimento con el que trabajamos es absorbido por él y después va a nuestro organismo. Lo ideal es hacerlo con música tranquila, en un espacio limpio y, principalmente, con mucho amor.

"Alimentación consciente" significa "atención plena". La práctica de ésta es reconocida como una manera de reducir el estrés, aumentar la auto conciencia, prevenir enfermedades crónicas y mejorar el bienestar general. Este tipo de alimentación se conoce como *mindfoodness,* un término que deriva del *mindfulness,* que es la capacidad de prestar atención plena al momento presente. Es decir, se trata del éste aplicado a la alimentación, para lograr la capacidad de estar atentos a lo que comemos.

Y consiste, realmente, en disfrutar y estar presente al momento de comer. Esto incluye prestar atención a los colores, sabores, olores y texturas de la comida. Esta práctica ayuda a crear un balance en lo que ingerimos, a controlar las porciones y así ver que hay muchas formas de disfrutar de todos los alimentos sin restricciones.

La alimentación consciente no es una dieta en particular ni un recurso para perder peso, sino una forma de alimentarnos.

La alimentación consciente, entonces, pretende desarrollar en nosotros la capacidad de ajustar, en la medida de lo posible, lo que comemos a las necesidades del cuerpo, sin evitar los momentos placenteros.

Por todas estas razones, puede evitar conductas nocivas al momento de comer que, con el tiempo, perjudican la salud.

Mi propuesta y la de las nutricionistas con las que trabajo, es optar por este tipo de alimentación, incorporando a nuestra dieta súper alimentos, que son en su mayoría crudos, más densos en nutrientes que los procesados y cocinados. Son ricos en enzimas, están llenos de vitaminas, minerales, fitonutrientes y fitoquímicos, que ayudan a protegernos contra las enfermedades.

Están llenos de antioxidantes que apoyan el sistema inmune, ayudan a desintoxicarnos y reducen el riesgo de enfermedades crónicas, mejorando nuestra salud física.

La Clínica Mayo define los súper alimentos como aquellos que:

• Son fuente excelente de fibra, vitaminas y minerales.

• Tienen alto contenido en fitonutrientes.

- Están compuestos por antioxidantes como las vitaminas A y E y el betacaroteno y son de baja densidad calórica.

- Están fácilmente disponibles.

- Contienen nutrientes conocidos que aumentan la longevidad.

- Tienen beneficios para la salud respaldados por estudios científicos.

Los más destacados son:

Brócoli

Como toda verdura de hoja verde, es muy rica en ácido fólico, magnesio, potasio, hierro y vitamina C. Fuente inagotable de nutrientes, estimula el metabolismo de todas las células del organismo, lo cual tiene un efecto intensamente revitalizante. Es, a su vez, la mejor verdura anti estrés, ayuda a controlar las situaciones de irritabilidad y los trastornos del sueño.

- Por su alto contenido en fibra y betacarotenos, evita el estreñimiento, fortaleciendo las microvellosidades de la mucosa intestinal, neutralizando los radicales libres, previniendo enfermedades, desde una inflamación hasta el cáncer.

- Es aliada de las mujeres que pierden hierro en cada menstruación y, además, alivia los dolores de ovarios.

- El contenido de potasio favorece la eliminación de líquidos, por lo que ayuda a disminuir la presión arterial.

- La vitamina C que contiene es muy útil durante las épocas invernales, ya que previene síntomas gripales e infecciones, estimulando el sistema inmunitario.

Kale

También llamada col rizada, es una de las variedades de verdura más rica en vitaminas, minerales y oligoelementos.

- Contiene grandes cantidades de vitamina C y calcio, es un excelente sustituto para personas con intolerancia a la lactosa.

- Desintoxica el intestino y alivia la constipación.

- Fortalece las mucosas del organismo.

- Protege las células de los radicales libres, retrasando los procesos de envejecimientos provocados por el estrés.

- Ayuda a disminuir el colesterol.

Bayas de goji

Tiene propiedades antioxidantes por su alto contenido en carotenos, siendo esta su principal característica, además, aporta fuerza y energía a nuestro organismo. Se ha convertido en súper alimento por las muchas propiedades que posee.

- Mantiene la presión arterial.

- Combate las disfunciones sexuales.

- Ayuda a la recuperación de enfermos de cáncer.

- Ayuda a adelgazar, ya que favorece la saciedad y, de esta manera, se reducen las ganas de comer, además tiene un efecto diurético, depurativo y desintoxicante.

- Fortalece músculos y huesos.

- Mejora la digestión.

Se lo puede consumir en su estado natural o deshidratado, agregándolo a yogures, ensaladas, etc., o hidratado en infusiones, batidos o *smoothies* con frutas

Aloe vera

Es una de las plantas más conocidas por sus propiedades farmacológicas y cosméticas.

- Posee propiedades fungicidas y bactericidas.

- Es buena para el equilibrio del sistema digestivo. Reconstruye la flora intestinal, protege la mucosa del estómago, ayuda a prevenir las úlceras estomacales y las calma si ya se han producido.

- Favorece la absorción de nutrientes, facilitando la digestión. Controla gases y flatulencias.

- Mejora la circulación.

- Reduce el colesterol.

- Ayuda a regular el nivel de glucosa en la sangre.

- Ayuda a evitar la constipación, ya que la aloína que contiene su pulpa es conocida por su efecto laxante.

Cúrcuma

Es una especia muy utilizada en la medicina china e india (Ayurveda) desde hace miles de años por sus propiedades benéficas para la salud gracias a su elemento vital: la curcumina. Posee propiedades muy importantes.

- Es antioxidante, protegiendo contra los radicales libres, tan dañinos para las membranas de los tejidos

- Es anticancerígena.

- Es antiinflamatoria, debido a los curcuminoides, que inhiben la producción de prostaglandinas inflamatorias.

- Es reguladora de los ciclos menstruales.

- Previene el Alzheimer, debido a que estimula el sistema nervioso.

- Es digestiva y desintoxicante, gracias a su contenido en turmenona, ácido cafeico, eugenol y borneos, excelente limpiador de hígado y vesícula.

- Es hepaprotectora.

- Es neuroprotectora.

- Es carminativa.

- E renoprotectora.

- Es antiséptica.

Aceite de coco

Está formado por grasas saturadas compuestas, principalmente, por ácidos grasos de cadena media, que se digieren y metabolizan de manera diferente a las grasas saturadas dañinas. Estas lo hacen en el hígado, donde se transforman en energía. Así, cuando se consumen, el cuerpo las utiliza inmediatamente para producir energía.

- Contiene fitoesteroles, que ayudan a inhibir la absorción del colesterol y disminuir riesgos cardiacos.

- Facilita la absorción de nutrientes.

- Ayuda a regular la tiroides.

- Favorece la digestión.

- Estimula el metabolismo.

- Muy recomendado para deportistas por su rápida absorción, ya que produce energía rápidamente.

- Fortalece el sistema inmunológico.-

- Protege y nutre el cabello.

- Suaviza la piel.

Matcha

Es un poderoso antioxidante que genera beneficios importantes en nuestra salud.

- Fortalece el sistema inmunitario y ayuda a reducir el estrés.

- Estimula la mente y relaja el cuerpo.

- Ayuda a prevenir el cáncer, infecciones y las caries.

- Ayuda a mantener sanas las arterias y a controlar la hipertensión.

- Ayuda a bajar los niveles de azúcar en sangre.

- Ayuda a controlar la diabetes y a prevenir la fibrosis hepática.

- Ayuda a prevenir los signos del Alzheimer.

- Debido a su gran contenido de antioxidantes, ayuda a eliminar los radicales libres.

- Ayuda a mejorar el aspecto de la piel y de las uñas.

- Ayuda a quemar las grasas y a bajar de peso.

- Sacia el hambre y apaga la sed de forma totalmente natural.

Quinoa

Posee los ocho aminoácidos esenciales para el ser humano, lo que la convierte en un alimento muy completo y de fácil digestión. Entre ellos se destacan la lisina, importante para el desarrollo del cerebro, y la arginina e histidina, fundamentales para el desarrollo humano durante la infancia. Además, posee un excepcional equilibrio de proteínas, fibra, grasas no saturadas y minerales.

Se trata de uno de los alimentos más completos que existen, y es difícil encontrarle un defecto. Ideal para niños, embarazadas y deportistas, dada la presencia de buenos minerales, de hidratos complejos, proteínas y su mayor aporte proteico respecto a loscereales. Es recomendada para diabéticos, ya que tiene un bajo índice glucémico, para personas con colesterol, ya que su fibra y sus lípidos insaturados favorecen el perfil lipídico en el organismo. También es recomendada a personas con estreñimiento debido a su alto contenido de fibra insoluble y para todos los que quieren adelgazar...

Es especialmente beneficiosa en la dieta de los celíacos debido a que no contiene gluten. Puede ser de gran utilidad en la de las personas vegetarianas porque posee una elevada proporción de proteínas y, también, es buena fuente de hierro de origen vegetal.

Resumiendo:
- Aporta un alto número de nutrientes al organismo. Sobre todo, en lo referente a las proteínas, ya que contiene ocho aminoácidos esenciales, por lo que aporta la misma cantidad que algunos tipos de carnes.

- Es rica en minerales como el hierro, fósforo, azufre, magnesio potasio y yodo. También contiene vitaminas, liposolubles e hidrosolubles, y ácidos grasos poli insaturados omega 3 y omega 6.

- Reduce el colesterol.

- Reduce la presión arterial.

- Es un potente antioxidante.

- Es un eficaz anti anémico.

- Es un complemento muy habitual en la dieta de deportistas, debido a su alto nivel proteico que favorece el desarrollo muscular y combate el agotamiento.

- Protege el sistema inmunológico.

- Ayuda a controlar los niveles de azúcar en sangre.

Maca

Es una raíz andina. Su consumo potencia el bienestar del organismo aumentando la fuerza, la resistencia, el rendimiento deportivo y hasta la líbido. Esto se debe a que se trata de un

adaptógeno que ayuda a que nuestro cuerpo se adapte con naturalidad a las situaciones de estrés, aumentando la capacidad de
combate de nuestro organismo contra el debilitamiento físico y
mental.

- Regula e incrementa la función del sistema endocrino.

- Apoya a las glándulas suprarrenales, mientras mantiene la
  salud general del cuerpo en las situaciones más estresantes

- Para las mujeres es el remedio ideal a la hora de aliviar
  los molestos síntomas del síndrome premenstrual y de la
  menopausia.

- Para los hombres es idóneo para el aumento de la función
  sexual y de la fertilidad, por lo que la han apodado el "viagra
  de la naturaleza".

- Ayuda a conciliar un sueño más profundo.

- Activa la función cerebral y la memoria.

- Trata los problemas de próstata.

- Es anti anémica, ya que estimula la formación y maduración
  de los glóbulos rojos.

- Mejora el hipotiroidismo al estimular la glándula tiroides.

- Da energía y vitalidad.

- Es un estimulante muy eficaz para el sistema inmune.

- Ayuda a controlar el colesterol.

- Posee propiedades anti depresivas y anti estresantes.

- Potencia la actividad del páncreas, por lo que está aconsejada para los diabéticos.

- Aumenta el deseo sexual, siendo considerada uno de los afrodisíacos más fuertes que existen.

Espirulina

Es un alga y uno de los súper alimentos mejor considerados en nuestros días. Posee un alto número de nutrientes fundamentales para el organismo, especialmente, en lo referente a las proteínas. Además, aporta gran cantidad de vitaminas A, B y E, es rica en minerales como hierro, iodo, fósforo, azufre, magnesio y potasio.

Resumiendo:

- Es una buena aliada para mujeres y vegetarianos ya que aporta los mismos ácidos esenciales que contiene la carne.

- Posee proteínas de alto valor biológico, fibra e hidratos de carbono de absorción lenta, los cuales son saciadores y evitan picos de insulina. Así, no hay descensos bruscos en la glucemia, lo que evita que se desate el hambre.

- Combate los virus. Contiene vitaminas y minerales que ayudan al correcto funcionamiento del sistema inmunitario.

- Previene enfermedades cardiovasculares. El ácido graso (gamma-linolénico) que contiene disminuye el colesterol malo y aumenta el bueno.

Alimentos prebióticos y probióticos

Es importante cuidar nuestra microbiota, aportando alimentos prebióticos y probióticos. Con todo este despertar de nuestra consciencia estamos más atentos a nuestro cuerpo, y podremos reconocer todo tipo de intolerancias alimentarias ayudando, así, a nuestro organismo a estar más sano.

Lo que comemos juega un papel fundamental manteniendo saludable nuestra microbiota intestinal, por eso SOMOS LO QUE COMEMOS (cada alimento que ingerimos alimenta a los trillones de bacterias que habitan nuestra flora).

Cada ser humano tiene su propia microbiota intestinal sin la cual no puede vivir. Su papel no se limita al intestino, participando también en:

• La extracción de energía a partir de los alimentos.

• El refuerzo del sistema inmunitario, cuyo 75% se sitúa en el intestino.

Se ha observado una estrecha relación entre una microbiota intestinal desequilibrada (disbiosis) y ciertas enfermedades vinculadas al estilo de vida.

El primer paso es alimentarla con alimentos reales. Si continuamos consumiendo productos procesados que contienen azúcar añadida, solo estaremos alimentando a las bacterias patógenas del intestino, ya que estas aman el azúcar.

Por otro lado, estas bacterias no prosperarán en presencia de alimentos ricos en fibra o aquellos que contienen carbohidratos complejos, grasas y proteínas saludables.

La investigación sugiere que los beneficios de los probióticos no se limitan al intestino, sino que también afectan al cerebro. Esto es así porque el primero está conectado al segundo por medio de lo que se llama eje intestino-cerebro, lo que significa que cualquier cosa que afecte el tracto gastrointestinal afecta el cerebro y viceversa.

Una alimentación saludable, que incluya alimentos prebióticos, ayuda a crear un ambiente óptimo para las bacterias intestinales beneficiosas y, a su vez, disminuye las bacterias patógenas que causan enfermedades.

Los prebióticos son componentes alimentarios que nutren organismos. Esta "fibra especial", que nuestro sistema digestivo no es capaz de digerir, es fermentada en el tracto gastrointestinal y utilizada como "alimento" por bacterias intestinales beneficiosas.

Los prebióticos se encuentran principalmente en los alimentos ricos en fibra como alcauciles, legumbres, batatas, ajo, cebolla, puerro, avena, bananas.

Estos son sus beneficios:

• Aumentan el número de bacterias beneficiosas en el colon (Lactobacillus y Bifidobacterium).

• Favorecen la absorción de minerales.

• Actúan en la prevención de la diarrea o el estreñimiento.

• Reducen los lípidos en sangre.

En cuanto a los probióticos, son micro organismos vivos (bacterias buenas) que promueven beneficios en la salud y ayudan a un mejor funcionamiento de nuestra microbiota.

Veamos sus beneficios:

• Ayudan a recuperar el equilibrio de la flora intestinal.

• Ayudan a reforzar nuestras defensas.

- Pueden mejorar los trastornos digestivos como la diarrea y el estreñimiento.

- Mejoran la absorción de nutrientes como el calcio.

- Producen vitaminas del grupo B y vitamina K.

- Ayudan a prevenir alergias alimentarias.

Se encuentran en: lácteos, kombucha, pan elaborado con masa madre, pepinillos, tempeh, chucrut, kimchi y miso.

INVITADA:

SOLEDAD SIMOND

Instructora de meditación y
técnicas de respiración consciente de
El Arte de Vivir www.elartedevivivir.org

¿Cómo elevar nuestra energía?

¿Cómo te sentís cuando tu energía está alta? Feliz, optimista, sociable, amoroso, creativo... ¿Cómo te sentís cuando estás con la energía baja? Letárgico, malhumorado, apático o negativo. Ninguno de estos adjetivos nos definen, simplemente somos marionetas de nuestra energía vital sutil, también conocida como prana. No estamos hablando de le energía que puede darte una bebida energizante, sino de un tipo de energía sustentable, que nos permite vivir la vida con alegría, foco y entusiasmo. Esa energía está al alcance de nuestra mano. ¿Cómo? Sólo hay que prestar atención a nuestras 4 fuentes de prana.

Descanso: dormir de 6 a 8 horas por noche, incluso el descanso más eficiente se produce de 9 a 12 de la noche, justo después de que el sol baja, así como los animales, nosotros ya deberíamos estar pensando en irnos a la cama. Seguir los ciclos circadianos vuelve tu descanso más poderoso.

Alimentación: seguir una dieta muy rica en frutas, verduras, legumbres, brotes, semillas. Así te aseguras que incluyes una gran dosis de prana en tu plato. Evitar o reducir: productos congelados, estacionados o enlatados; carnes, frituras, azúcares.

Respiración: Si no respiráramos, estaríamos muertos. El prana está en el oxígeno manteniéndonos vivos, por eso cuanto mejor respiremos —más oxígeno incorporemos— mejor será nuestra calidad de vida. La respiración consciente ayuda a que tengas una gran herramienta para combatir el cansancio, el estrés, la ansiedad.

Meditación: es la fuente de energía más poderosa, porque tan solo 20 minutos de meditación profunda puede equivaler a 4-5 horas de sueño. Es por eso que los yoguis casi no duermen. La meditación es el arte de no hacer nada, en un mundo donde todo es actividad. Cuando todavía no tienes tu práctica, la meditación es el estado feliz de tu mente: estar con gente que te hace feliz, pasar tiempo en la naturaleza, bailar, hablar de cosas positivas… todo lo que te hace bien eleva tu prana.

Circulo Consciente: alimentación

¿Cómo puedo empezar a tener una mayor organización y consciencia de mi alimentación?

Un buen ejercicio es destinar uno o dos días en la semana para ir a la verdulería o al supermercado a comprar todo lo que nos gusta y tenemos ganas de comer. De esta manera, cuando lleguemos a casa, luego de un día agitado o lleno de ocupaciones y responsabilidades, podremos preparar algo nutritivo que nos de energía. En la siguiente lista vamos a anotar qué nos gustaría comprar en la próxima visita al mercado.

_____

_____

_____

_____

A continuación, pensemos cómo vamos a crear un ambiente agradable para alimentarnos sin tener la necesidad de prender la televisión, de usar el teléfono o la computadora.

_____

_____

_____

_____

Cuando sintamos que tenemos antojos o que comemos demasiado, hay que tomarse tiempo para respirar, para conectarse con nuestro cuerpo y darle amor, no maltratarlo. ¿Cómo vamos a implementar esta iniciativa en nuestra rutina?

_____

_____

_____

_____

_____

"Vigila tus pensamientos, se convierten en palabras; vigila tus palabras, se convierten en acciones; vigila tus acciones, se convierten en hábitos; vigila tus hábitos, se convierten en carácter; vigila tu carácter, se convierte en tu destino".

Frank Outlaw

QUINTO MOVIMIENTO

Consciente de mis pensamientos

Estoy en un café y empiezo a escribir este capítulo, me pregunto: ¿cómo hacerlo?, ¿adónde quiero llegar?, ¿qué quiero comunicar? Muchas ideas aparecen en mi mente en este momento, pero prefiero comenzar por lo más simple.

En principio, me gustaría que por un momento solo lean mis palabras y dejen todos sus pensamientos a un lado, que mientras recorran con la mirada estas líneas se conecten con el cuerpo. Hay que tratar de hacer a un lado la mente y dejarse llevar.

Dejamos que esta información nos invada. Percibamos lo que ocurre en este instante sin expresar un juicio de valor u opinión. Veámoslo tal como es, sin que prejuicios o puntos de vista específicos nublen nuestra percepción.

"Lo esencial es invisible a los ojos", dijo el Principito. Somos nosotros los que constantemente necesitamos interpretar intelectualmente lo que percibimos, en vez de mirar desprejuiciados lo que a simple vista es. Dependiendo de cómo estamos, de cómo nos sentimos, de si prestamos atención a las opiniones ajenas o no y de lo que nos enseñaron, podemos transformar un pensamiento de positivo a negativo o a la inversa.

Voy a contarles una situación en la que inmediatamente pienso cuando hablo de este tema. Un día, estaba con mi hermana en un bar cuando vi en una mesa cercana a un chico cenando con una chica que, supuse, era su novia o cita de esa noche. Él había salido con dos amigas mías recientemente, por lo que les conté a ambas que lo había visto con alguien. Frente a este hecho concreto, dos respuestas muy distintas fueron las que obtuve:

1. Una de mis amigas afirmó que seguro se trataba de una chica con la que seguramente iba a salir solo una noche. Basaba esta idea en el hecho de que él seguía mirando sus historias de Instagram y poniéndole *likes* a fotos de otras chicas. Además, me dijo que no creía que se tratara de una relación seria, dado que él tenía muchos temas que resolver antes de ponerse en pareja como, por ejemplo, decidir entre vivir en el país o mudarse al extranjero.

2. Mi otra amiga me respondió que sí, que ya le habían comentado que estaba en una relación con una chica nueva. Agregó que igualmente estaba "en cualquiera" porque ella parecía un poco rara. Desconfiaba de que fueran a durar mucho tiempo juntos porque, según me dijo, algo había quedado pendiente entre ellos dos.

Frente a estas dos reacciones, la realidad fue que, cuando me acerqué a saludarlo, el chico me presentó a quien, efectivamente, era su novia. Por lo tanto, lo que me parece interesante de esta anécdota es cómo podemos crear universos de pensamientos, suposiciones e ideas tan distintos entre sí y tan lejanos a los hechos concretos y reales. Además, muchas veces, estos pensamientos se quedan ocupando un lugar importante en nuestra mente y pueden generar mal humor, ansiedad, miedos y tensiones. Es impresionante cómo a partir de esta pequeña acción, del simple hecho de pensar, se pueden crear mil variables en vez de aceptar las cosas como son. ¿Por qué nos cuesta tanto asumir los hechos como, en este caso, de que alguien con quien tuvimos una relación ahora tiene algo especial con otra?

Reconozco que soy de esas mujeres que piensan mucho. Siempre analizo cada acto mil veces y comparo mi punto de vista con el de las personas que considero cercanas. Pero, ¿qué sentido tiene?, ¿cuál es el objetivo de intelectualizar todo lo que nos rodea y lo que experimentamos? Sería mucho más simple ir a lo concreto y asumir lo que sucede para, así, permitirnos avanzar.

Un método que me sirve muchas veces es analizar los hechos como si no fuera partícipe de ellos, como si observara desde afuera. Así, logro encontrar nuevas perspectivas y formas de encarar la situación. El observar la totalidad de la situación implica, también, auto analizarme, reconocer cómo soy y actúo frente a determinadas situaciones. Poder establecer patrones de conducta en nosotros mismos suele ser fundamental para salir de ese hábito y repensarnos constantemente. Respirando, relajándome, conectándome con mis verdaderos sentimientos y dejando de involucrar a gente externa en cada decisión que tomo, logro salir de situaciones problemáticas.

Hoy es domingo por la noche, ayer fue la despedida de soltera de mi mejor amiga. Es decir, el día posterior a un momento de celebración pura, de baile, bebida y amistades. Me encuentro sentada escribiendo estas páginas y no puedo decir que esté totalmente bien. A veces, como en este momento, mi mente no para de trabajar. Aparecen pensamientos que se suceden unos tras otros a toda velocidad y la mayoría son negativos. Tienen que ver con un sentimiento de profunda inestabilidad que me hace sentir la necesidad de conectarme con gente del pasado. Otras veces, también, surgen la inseguridad y la incomodidad respecto a mi apariencia física.

Me desespero y trato de encontrar una solución a partir de la comunicación con mi cuerpo. Hoy a la tarde, por ejemplo, fui a un festival de música y comida sana y pasé por un stand en el que vendían velas, sahumerios, palo santo. Me llamó muchísimo la atención una vela con forma de mujer. Después, caminando, me encontré con mi amiga Marou Rivero que se había comprado esa misma vela y me explicó su significado. Me dijo que una vez que se prendía, la idea era "intencionar", es decir, conectarte con tu "ser mujer", con tu poder. Acto seguido, volví y la compré junto con unos sahumerios de patchouli, mi aroma preferido, y me llevé todo a mi casa. Volví caminando con mi amiga canalizando todas mis inseguridades, ese remolino de pensamientos que daba vueltas sin parar en mi cabeza. Ni siquiera yo me soportaba esa tarde.

Llegué y empecé a comer lo que encontré. En un momento me di cuenta que tenía que parar. Entonces, me senté en la misma mesa en la que ahora escribo y armé mi santuario. Piedras, mi mala, flor de loto, palo santo, foto, cuenco y la vela de la mujer en el medio. Y ahí estaba yo, sentada, contemplando esos objetos sagrados logrando un momento de pura conexión. Veía cómo la vela se derretía y yo pedía armonización y paz en mi cuerpo. Respiraba, sentía el aroma del palo santo mezclado con el de la vela, mientras caían las gotas de cera en las piedras que había ubicado debajo de ella. Poco a poco sentí que mi cuerpo se relajaba. Mis pensamientos se calmaban y aparecía la claridad. La oscuridad desaparecía gracias al simple acto de ubicarme en medio de mis amuletos, dispuesta a disfrutar y aceptar el momento presente tal cual se manifestaba, sin querer cambiarlo.

Al momento de hablar de los pensamientos negativos, es importante decir que, muchas veces, no surgen como tales instantáneamente. A veces, transformamos cualquier simple idea en uno y esto modifica por completo nuestro humor y conducta. Claro que es muy difícil salir de este círculo vicioso, ya que una vez que esa idea se impregnó en nuestra psiquis, queda allí por mucho tiempo. Solo depende de nosotros alimentarla o frenarla, para que no logre arruinar una situación particular o la totalidad de nuestro día.

El pensamiento negativo nos duele y, a veces, nos hacer reaccionar de una manera que no queremos, en forma exagerada o desequilibrada. Acaso sea mejor esperar antes de reaccionar, para poder ver la situación con otros ojos. Estar abierta a nuevas perspectivas va a ayudar a que aparezcan soluciones y así, nuestra mente estará más tranquila. En esos momentos de desesperación, es bueno distraerse y ponerse en movimiento. Por eso, una buena idea es salir a correr, tomar una clase de baile o, simplemente, salir a airearse, a estar en contacto con la naturaleza. No dejemos que los pensamientos negativos condicionen nuestras decisiones.

7 TÉCNICAS QUE NOS VAN A AYUDAR A DESACTIVAR EL PENSAMIENTO NEGATIVO

Por Eva Maria Rodriguez

¿Cómo eliminamos este pensamiento negativo? En realidad, no se lo puede evitar por completo. A veces, solo son una chispa en nuestra mente pero, rápidamente, ganan terreno en ella. Cuando esto sucede, debemos ser conscientes, para que inmediatamente podamos reconocerlos y, de ese modo, saber cuándo estamos pensando negativamente.

Solo siendo conscientes de ellos, podemos tomar medidas para desactivarlos.

Las siguientes estrategias nos permitirán desactivarlos y facilitarán la tarea de pensar en positivo.

1. Observemos nuestro pensamiento

Los pensamientos negativos son generalmente producto de distorsiones cognitivas, o patrones de pensamiento irracional. Debemos observarlos como si fuéramos espectadores. Si no dejamos que se apoderen de nuestra mente, simplemente se disiparán. Visualizarlos como si fueran troncos que viajan río abajo, tarde o temprano los perderemos de vista. Aceptémoslos y dejémoslos marchar. También podemos pensar que son como nubes. Los observamos, pero no los juzgamos. De esta forma, no nos implicamos emocionalmente y no nos activamos fisiológicamente. Establecemos una distancia entre el pensamiento y nosotros, y entendemos que no somos tese pensamiento. Para ello, la técnica de mindfulness es muy beneficiosa.

2. Replantear cualquier cuestión que estemos "rumiando"

Las rumiaciones son patrones de pensamiento excesivo. Cuando rumiamos una idea lo hacemos convencidos de que podremos solucionar algo solo por pensar en ello y esto, por lo general, es inútil. Tenemos que despejar lo que hay de verdad en nuestros pensamientos y desechar lo que creamos en la mente antes de empezar a buscar una solución. No nos extrañemos si después de eliminar la fantasía nos encontramos con que no hay ningún problema. Lo ideal es observar el pensamiento sin juzgarlo. ¿Por qué? Porque al hacerlo nos implicamos, le damos un juicio de valor subjetivo. Si lo observamos sin prejuicio, veremos la realidad tal cual es. De este modo, no nos iremos por las ramas pensando una cosa u otra o elaborando diferentes películas en nuestra mente, que solo nos llevan a estados de tristeza.

3. Moverse y actuar físicamente sobre nuestro pensamiento

Cuando nos encontramos atrapadas en un pensamiento negativo, debemos ponernos en movimiento. Cambiar el chip para despertar pensamientos positivos no es tan fácil cuando la mente está ocupada buscando la manera de sufrir. Es un gran momento para salir a dar un paseo, a correr, bailar o practicar yoga. No nos detengamos a pensar -tenemos la mente muy ocupada-, simplemente dejemos que el cuerpo tome las riendas y lleve a la mente a otra parte.

El hacer ejercicio aumenta los niveles de serotonina y reduce el cortisol, es decir, aumenta la felicidad y reduce la ansiedad. Por lo que ponernos en movimiento cuando nos invaden pensamientos negativos, es una gran idea que, sin duda, nos traerá buenos resultados.

4. Evitar los disparadores de pensamientos negativos

Una canción, una imagen, una lectura, lo que veamos en televisión, la compañía de ciertas personas, en cuanto descubramos qué estímulos desencadenan nuestros pensamientos negativos, tratemos de evitarlos. Y, en la medida en que se pueda, hay que sustituirlos por otros que despierten sensaciones agradables. No nos martiricemos ni lo hagamos más difícil.

5. Rodearse de gente positiva y de experiencias agradables

Si lo que vemos, lo que escuchamos y lo que leemos es positivo, si la gente que nos rodea es así, será más fácil mantener el pensamiento negativo lejos. Cualquier disparador de éste será más fácil de desactivar si el optimismo nos rodea. Los estímulos que nos acompañan en nuestro día a día son muy importantes a la hora de generar una buena atmósfera. Así que lo mejor es intentar buscar aquello que nos aporte bienestar.

6. Repetir afirmaciones positivas para reemplazar los pensamientos negativos

El pensamiento negativo suele ser un hábito aprendido. Así que, en vez de dejarnos invadir por alguno, debemos adquirir el hábito de pensar en positivo en esas circunstancias. Para recordarlo o reforzarlo, podemos tenerlo presente, escrito en un papel, en el fondo de pantalla de la computadora, celular, o, incluso, en muestra propia piel.

7. Recordar que nadie es perfecto y seguir adelante

Es fácil detenerte en los errores, pero lo único que podemos hacer es aprender de ellos y seguir adelante. Nada va a cambiar por mucho que rumiemos. Y si lo que despierta lods pensamientos negativos es una debilidad o una limitación, hay que centrarse en nuestras fortalezas y virtudes. Si no podemos cambiar lo que hay, hay que sacar el máximo partido de lo que tenemos. Poseemos el potencial de aprender de cualquier situación por muy adversa que parezca. Así que, si cometemos un error, en lugar de frustrarnos, es mejor que aprendamos de él.

"Todo lo que somos es el resultado
de lo que hemos pensado;
está fundado en nuestros
pensamientos y está hecho de
nuestros pensamientos".

Buda

La capacidad de razonar, de relacionar, de recordar, de imaginar me acompaña en la vida desde que tengo memoria. Esa voz interna que conversa en el más íntimo espacio de mi ser, en mí.

¿De dónde sale ese pensamiento que guía mis intenciones?

¿De dónde sale esa idea que guía mis decisiones?

Cuantas veces pienso un futuro, una idea, una solución, un camino que toma forma de única salida entre otras. Su protagonismo se llena en mí de energía emocional, de tensión corporal, de impulso puro.

¿Qué emociones acompañan ese futuro imaginado?

¿Qué me hace pensar que es ése y no otro el camino?

¿Cuánta energía destino a esos pensamientos que me definen en mis decisiones?

Si proyecto en algún lugar su origen, cuesta encontrarlo. Quizá provengan de las experiencias de mi vida, de las voces de esos otros seres que me acompañaron en mi crecimiento.

¿Cuántas experiencias de otros pasaron pronto a ser propias sin apenas darme cuenta? ¿Qué hubiera pasado si no eran esas, sino otras, las voces que acompañaban mi recorrido?

¿Y si hubiera escuchado otras voces en este mismo camino?

¿Cuántas veces elijo opciones sin detenerme a escuchar más que ese eco dentro de mí?

Según Debashis Chatterjee en su libro *El Liderazgo Consciente*, la palabra como sonido no es más que energía consciente en estado de semilla. En esta etapa, la palabra no adquiere carácter audible ni amplitud, es únicamente una intención. (p. 146)

Las respuestas son callejones sin salida para una mente inquieta. Las repuestas hechas provienen de nuestro temor a lo desconocido. (p.151). Si formulamos la pregunta correcta, no necesitamos una respuesta. La pregunta en sí misma se disuelve a la luz de la conciencia (p.152).

¿De qué me pierdo por buscar respuestas anticipadas a un futuro que todavía no existe en voces de otros y en propias?

¿Qué quiero asegurar de ese futuro al hacer esto?

Entonces, ¿qué espacio tienen las emociones, percepciones, sensaciones en mi mundo de decisiones?

¿Qué lugar ocupan el asombro, la curiosidad, la apertura, la aceptación? ¿Qué lugar le dejan los pensamientos a percibir "el adentro" y "el percibir el afuera"?

¿Qué lugar ocupan las preguntas en este acto creativo?

Si pusiéramos nombre a ese fenómeno distinto que guía mi Ser, ¿cuál sería?, ¿de dónde viene esa otra voz?

Intuición (del latín intuitivo, "mirar hacia dentro" o "contemplar") es un concepto de la Teoría del Conocimiento aplicado, también, en la epistemología que describe el pensamiento que es directo e inmediato, sin intervención de la deducción o del razonamiento, siendo considerado como evidente.

¿Será esa Intuición el camino de la autenticidad?

¿Será ese el camino del presente, del hoy?

Indudablemente, el pensamiento es un camino inevitable, de indagación interior, de procesamiento del mundo que nos rodea pero, de ningún modo, puede ser el único conductor de nuestras decisiones, la única manera de conocer nuestro auténtico Ser.

Si logramos trabajar con él y ser conscientes de su impacto en nuestro cuerpo, emociones y sensaciones, será un gran aliado. De lo contrario, solo se transformará en una selva espesa y confusa, enredada e inextricable por la que vagaremos sin solución. Conscientes de nuestros pensamientos, atentos sus trampas.

Ese es el camino.

"El yoga nos trae al momento presente, el único lugar donde la vida existe".

Ellen Brenneman

Consciente de mi actividad física

"El yoga no trata el desarrollo personal, trata la aceptación personal."

Desde mi punto de vista, ser consciente de la actividad física está relacionado con el disfrute y el efecto que la práctica nos deja. Yoga, surf, zumba, stand up, paddle, son algunos de mis deportes o disciplinas preferidas porque hacen que me conecte con mi cuerpo pero, al mismo tiempo, que me libere de él. En otras palabras, permiten que me desconecte de mis pensamientos, de mis planes y que así pueda disfrutar el momento y el movimiento.

En mi familia todos practican surf. Mi tío y mi papá, mis primos y amigos, lo hacen. Algunos, desde pequeños y otros comenzaron recientemente, pero todos tienen una conexión profunda con el mar. Agradezco que desde muy chica mis padres me impulsaran también a tener este vínculo directo con la naturaleza.

Lo que logra el surf es algo mágico. El contacto con el mar y su fuerte presencia, estar parada arriba de una ola, fluyendo con ella, dejándome llevar por el movimiento y su rapidez, con el viento soplando y, al mismo tiempo, empujándome, es una experiencia única.

Optar por este deporte me fue muy fácil, ya que viví casi toda mi vida en Mar del Palta y siempre tuve a mi disposición las tablas y todo el equipamiento necesario.

Durante años, mi profesora de surf me pasaba a buscar en su auto y nos íbamos a surfear a Varese, una playa de Mar del Plata, donde pasábamos todas las mañanas de, probablemente, todos los días de la semana. Este deporte no requiere estar todo el tiempo remando o parado en la tabla, se puede estar muchas horas en el agua sin cansarnos y ese tiempo de paz y soledad se disfruta mucho. La conexión con uno mismo es profunda y valiosa.

Cuando era chica, solía competir en el Circuito Argentino de Surf. Recorríamos toda la costa argentina en busca de olas, desde Miramar hasta Necochea y Villa Gesell porque cada fecha se disputaba en una playa diferente. Éramos un grupo de amigos alegres, jóvenes y estábamos muy unidos, ya que estábamos juntos todo el día.

A veces era difícil competir contra mis amigas porque quería que me fuera bien pero, también, deseaba lo mejor para ellas. Como aún era chica, mi familia me acompañaba en todas las fechas y así se formó una comunidad muy linda, los lazos de amistad también eran fuertes entre los padres.

Durante muchos años, mientras vivía en Londres, mi contacto con el mar y con el surf era escaso. Cada vez que me acercaba a la costa y había olas, buscaba mil excusas para no meterme al agua. Siempre me dolía algo, tenía frío o la marea era muy intensa. Mi cuerpo no estaba disponible para disfrutar del deporte. No me sentía conectada con él como para darle seguridad y así animarme. Cuando me metía sentía limitaciones por todos lados, nada fluía y aparecían los miedos, la vergüenza, la poca confianza. Sin embargo, a pesar de que ese parecía el único panorama posible, mi cuerpo cambió gracias al yoga y me colmé de seguridad.

Estoy profundamente agradecida de haber aprendido a surfear cuando era chica porque es algo que no se olvida más, como andar en bicicleta o manejar. Es una actividad física que me permite enfocarme y así poder vencer mis miedos. Animarse a enfrentar olas de gran tamaño no es algo fácil, pero si confiamos en nuestro cuerpo y nos conectamos con él, todo es posible. La adrenalina que provoca este deporte es única y no hay nada más lindo que pasar horas sentada en la tabla, meditando, mirando alrededor, charlando con amigos, esperando esa ola tan deseada.

Recientemente, fui a Costa Rica a surfear con Jan, mi mejor amiga. Pasamos diez días maravillosos. No hacíamos otra cosa más que estar en el agua. Nos despertábamos a las seis de la mañana para poder entrar al mar a las seis y media y así disfrutar todo a *full*. Fueron unos días súper enriquecedores y divertidos. Nos reímos mucho juntas y nos incentivábamos a tirarnos en olas enormes y desafiantes.

No me olvido más de un atardecer específico, las dos estábamos sentadas mirando el sol caer, parecía un disco grande, naranja, fuerte y brillante. Sentí que me invadía una emoción inmensa. Me encontraba en el medio del océano llorando, bellamente conmovida por el momento que estaba viviendo. Todo parecía estático e idílico pero, como nada es perfecto, en medio del silencio y la conmoción que provocaba tanta belleza, dos peces saltaron abruptamente del agua y picaron a mi amiga. Todo terminó una vez más en carcajadas, habíamos creado un nuevo recuerdo que nos uniría por siempre. Mirar el atardecer entre las olas que íbamos surfeando, es uno de las postales más hermosas de ese viaje.

En este capítulo quiero focalizarme en la práctica del yoga y en cómo esta disciplina hace que muchos mejoremos nuestro estilo de vida, nuestra salud mental y el contacto con nuestro cuerpo.

El yoga no solo se practica en el mat, mientras se da o asiste a una clase, cuando realizamos posturas o asanas, se practica en cada momento de nuestro día, se incorpora como influjo vital a nuestras rutinas para hacer de ellas una sucesión de momentos significativos y plenos.

Una vez que se logró un estado de conexión con el cuerpo, que lo que sabemos cómo se siente, queremos incorporarlo a toda nuestra vida. Esto tiene que ver con sentir la liviandad, con poner una pausa a la reacción, con un hacer de la respiración consciente un hábito.

El yoga me provocó exactamente esto: consciencia, consciencia y más consciencia. Me encontré conmigo y me siento mejor con mi cuerpo, con Agus. Tengo más claro lo que quiero y cuáles son mis objetivos y entiendo mejor las señales que me envía o manifiesta mi físico. Cuando algo me duele, por ejemplo, puedo entender perfectamente qué es lo que tengo que cambiar o mejorar buscando, también, alternativas naturales y más saludables para sanar.

Durante mi primer profesorado de yoga en Bali, mi cuerpo estaba totalmente devastado, sentía que debía ser sanado porque estaba lleno de una carga negativa, de nervios, de estrés, de malestar y de enfermedad. Pasé momentos muy feos y desesperantes...

Hoy me doy cuenta de que solo tenía que abordar el momento, pasarlo, transitarlo sin ocultarlo. La práctica de yoga me ayudó muchísimo pero sentía que no me alcanzaba. Una mañana, luego de practicarlo, sentía que mi cuerpo estaba invadido por una sensación de malestar generalizada. Fue entonces cuando decidí ir a ver a una curandera a quien creía conocer y poder ubicar.

Mi principal motivación para visitar Bali fue haber leído el libro Comer, Rezar y Amar. Además, con mi mamá habíamos visto varias veces la película y por eso soñábamos con viajar a Indonesia. Entonces, me acordé que en el film había una curandera o healer y empecé a averiguar dónde podía encontrarla. Tenía una dirección en Google Maps, a la cual ya había ido varias veces, pero cuando llegaba hasta allí solo encontraba una casa en construcción. Nadie sabía dónde vivía Wayan, que así se llamaba esta curandera. Había preguntado a varias personas y nadie la conocía. Claro, Wayan es un nombre común y corriente, como lo es María en Argentina. Los balineses llaman así al primer hijo, Made al segundo -ya sea mujer o varón-, Nyoman al tercero, Ketut al cuarto y después se vuelve a empezar.

Por tercera vez decidí volver a la dirección que tenía anotada. Allí encontré a un señor de unos sesenta y cinco años parado sobre una puerta azul y descascarada. Me acerqué y le pregunté si sabía dónde podía encontrar a Wayan. El hombre me dijo que sí y que podía llevarme con ella. A pesar de que no

"El yoga no nos aleja de la realidad o de las responsabilidades de la vida diaria, sino que pone nuestros pies firmes y resolutivamente en el terreno práctico de la experiencia. No trascendemos nuestras vidas; volvemos a las vidas que hemos dejado atrás con la esperanza de algo mejor".

Donna Farhi

lo conocía y de todos mis temores, me subí a su moto, confié en él y en el universo y llegué al lugar deseado.

Ahí estaba Wayan, esperándome. Era un domingo a la tarde y ella estaba en su casa, mucho más humilde de lo que pensaba. Me enteré de que luego de una remodelación de la que aparecía en la película y que yo había encontrado en Google, el dueño había decidido cancelar el alquiler y había tenido que buscarse otro lugar para vivir. Cuando llegué, me "leyó" rápidamente y pudo ver todos los síntomas que había en mi cuerpo.

También leyó mi mano. Ahora recuerdo que me dijo que mi próxima pareja iba a durar dieciocho años, que mi carrera profesional iba a dar un vuelco, que mi camino espiritual recién empezaba, que iba a tener una larga vida y que iba a seguir residiendo en Londres, cosa que no sucedió. Me contó otras cosas muy íntimas y personales que me hicieron replantear mi rumbo, investigar sobre hechos que habían ocurrido cuando yo era bebé. Gracias a su guía llegué a encontrar información en la que no había reparado. Esto formaba parte de mi sanación emocional.

Wayan siguió con su diagnóstico. Me aseguró que había algo en mi vientre que necesitaba curar porque, si no lo hacía, me iba a costar quedar embarazada. Me recomendó tratar más a fondo este tema con su abuelo, un balinés de unos noventa y cinco años al que inmediatamente fui a visitar. De camino a su encuentro, le pregunté al chofer que me llevaba si creía que tenía que confiar en él y me respondió que sí, que hacía un tiempo, por ejemplo, iba a visitarlo un canadiense que había recuperado la movilidad de una mano y así la posibilidad de escribir, todo gracias a este señor y al cuchillo sagrado.

Imagínense cómo me alarmé cuando aludió a un cuchillo sagrado o hollyknife. Decidí superar mis temores una vez más y seguí adelante. Llegué a lo del abuelo de Wayan que me esperaba en su templo balinés. La construcción era cálida y hermosa y había sido un regalo a modo de agradecimiento del canadiense que se había curado gracias a su sabia intervención.

Estábamos los dos sentados cuando me pasó el cuchillo por algunas partes de mi cuerpo: frente, coronilla y abdomen. No entendía por qué se quedaba tanto tiempo en la zona de mis ovarios. Le pregunté al chofer que oficiaba como una especie de traductor, la razón de que se demoraba tanto y me dijo "difficultbaby", exactamente lo que me había dicho la curandera. Y agregó que se encargaría de desbloquear, limpiar y curar.

Me fui del lugar con una nueva sensación, algo se había destrabado luego de ese encuentro. Casi de inmediato me vino la menstruación y me duró un mes. Nunca había sentido algo así y realmente me preocupé porque no entendía qué me pasaba.

Cuando volví a ver a Wayan, me dijo que me estaba limpiando absolutamente todo, que era necesario para mi cuerpo y que una vez que todo saliera me iba a sentir mejor. Así fue. Luego de esos días en los que estuve con fuertes dolores de ovarios, todo mejoró y curó.

A medida que pasaban los encuentros con Wayan, descubrí que también tenía problemas en el sistema digestivo y los fuimos trabajando juntas. El problema era que yo no tenía el dinero suficiente para costear todo el tratamiento. Por eso, le dije a la curandera que, a pesar de que necesitaba trabajar en estos síntomas, no contaba con los fondos necesarios para hacerlo. Pensé en mil métodos para pagarle de alguna manera hasta que se me ocurrió algo que creí que ella necesitaba. Muchas personas a las que les gustaría contactarla no podían hacerlo, ya que se había mudado. Pensé en facilitar la información y el acceso hasta ella. De esa manera, contaría con muchos más pacientes y yo podría, de alguna manera, compensar el pago de mi tratamiento.

De pronto, todo lo que había aprendido de comunicación en la universidad vino a mí no en la forma de conceptos abstractos, sino como herramientas que abrirían un camino. Me sentí iluminada.

Durante mis recreos me iba a casa y trabajaba en Google maps, Tripadvisor y distintas plataformas virtuales de difusión. Creé para

Wayan una cuenta de Facebook, trabajé en su perfil y me metí en otras páginas de viajes donde hablaba de ella y de dónde vivía, por si alguien necesitaba encontrarla. Así, pude pagarle.

Haber pasado por este proceso de sanación y hacer del yoga una práctica diaria, hizo que mi salud mejorara, que me sintiera fuerte para reconocer mis síntomas y trabajar sobre ellos, transitando la experiencia sin ocultarlos.

El camino del yoga

Muchísima gente se me acerca para comentarme que necesita empezar yoga. Porque su médico se lo recomendó para bajar la ansiedad, para aprender a relajarse, por un dolor en la ciática, en la espalda, en los hombros, por migrañas y depresión, entre otras causas. Me pregunto si existe alguna otra actividad o disciplina que ayude a mejorar tantas afecciones.

Hatha Yoga, Ashtanga, Kundalini, Swastya, Bikram, Yin Yoga, Yoga Restaurativa, Yoga Terapia, Iyengar, Yoga Booty, Power Yoga y muchas más que surgen cada día, son las prácticas entre las cuales se suele elegir. Tengo mis recomendadas y muchas veces no depende del estilo sino del profesor. Creo que la persona a cargo de la práctica puede hacer que su clase se diferencie y resalte por sobre otras porque le da su impronta y carácter.

El yoga está de moda y personas de distintas edades y regiones empezaron a interesarse por esta actividad física y mental. Entre sus principales beneficios está la mejora en la flexibilidad, ya que estiramos todos los músculos del cuerpo mientras permanecemos en las distintas posiciones.

Nuestra postura también mejora, muchos médicos recomiendan practicarlo a los que padecen dolores de espalda que, muchas veces, provienen de pasar horas sentados en escritorios con los hombros erguidos y la columna encorvada.

Por otra parte, el yoga aumenta la concentración. En mi caso y en el de muchos yoguis con los que comparto esta hipótesis, practicarlo me ha dado una mayor claridad mental.

También puede ayudar a la memoria y estimula el bienestar emocional, ya que logramos enfocarnos en el momento preciso que está entre el pensamiento y la acción, y del que hablé en capítulos anteriores.

Por otra parte, mejora la respiración ya que al concentrarnos en como lo hacemos, lo incorporamos a nuestro día a día de forma más consciente. Dependiendo de cuál sea el tipo que se elija, se brinda una respiración específica, pero está presente en todas las prácticas.

Se sabe, también, que disminuye el estrés. Si se lo practica a la mañana cuando o antes de ir a dormir, ayuda a bajar la tensión acumulada. Del mismo modo, no solo los tipos de yoga en los que se transpira mucho como Power Yoga o Bikram sino también en los menos intensos, ayudan a perder peso, ya que uno se hace más consciente del cuerpo incorporando una dieta más saludable y dejando la ansiedad a un lado.

Uno de los beneficios que creo fundamental es que mejora el descanso. Al poder conectarte con nuestro cuerpo y dejar los pensamientos a un lado por un largo tiempo, podemos relajar la mente. Cuando logramos hacer un buen savasana (postura final en la que nos olvidamos de las preocupaciones cotidianas) logramos estar más relajados y podemos descansar mejor.

Tipos de yoga

Hatha Yoga

Es la más popular y la más practicada a nivel mundial pero, como señalé antes, siempre depende del profesor que la dicta. Algunos la hacen más intensa o dinámica que otros, pero siempre se incorpora un método de meditación y mantras. Trabaja

"El yoga es un camino hacia la libertad. Con su práctica constante, nos podemos liberar del miedo, de la angustia y la soledad".

Indra Devi

con el equilibrio del cuerpo, la concentración, la fuerza y la flexibilidad, a través de las posturas.

Ashtanga

Es una práctica que demanda más fuerza. Es la indicada para los que están interesados en trabajar bien el cuerpo. Es mucho más intensa y dinámica que las demás variedades pero, al mismo tiempo, es ideal para aquellos que buscan un espacio para meditar y conectarse con ellos mismos.

Kundalini

Es el yoga de la consciencia, se focaliza en la respiración y en el canto de mantras aunque, en menor medida, se incorporan algunas posturas. Se practican kriyas, que son asanas específicos para fines terapéuticos. Cuando lo practico realmente me desconecto de lo que sucedió en el día y logro transportarme a un plano de pura conexión con mi cuerpo, en el que surge una fuerte sensación de paz y bienestar. Nos da ganas de superanos y transformarnos.

Bikram

Practiqué esta técnica durante muchísimo tiempo. Es muy intensa, ya que implica la repetición de veintiséis posturas durante noventa minutos en un espacio controlado con una temperatura de cuarenta y dos grados. Esto provoca que los músculos se calienten y pueda lograrse más flexibilidad y desintoxicación a través de la transpiración. Solo es apto para personas que tienen una buena condición física y no sufren presión arterial alta.

Acroyoga

Esta es una de mis preferidas, ya que tiene mucho que ver con la confianza en el otro. Combina la acrobacia, el masaje tailandés y la danza. El efecto que provoca en el cuerpo tiene que ver con dejarse caer y llevar por el otro y por uno mismo. Suele generar empoderamiento y seguridad respecto del cuerpo y del ser. Dependiendo de la postura que se aborde, puede llegar a ser muy extrema, por lo que siempre y sobre todo si se trata de un principiante, hay que ser muy consciente de los movimientos y tener mucho cuidado.

Iyengar Yoga

Tiene que ver con el alineamiento del cuerpo en las posturas. En esta práctica se debe permanecer por más tiempo en los asanas, comparado con otras variedades. Por lo general, los médicos suelen recomendarla cuando alguien tiene un problema en el cuello, en la espalda o, simplemente, si se quiere mejorar su estado de salud. Son clases más estructuradas donde se enfatiza la perfección de las posturas y se utilizan elementos para poder mantener el cuerpo alineado.

Power Yoga

Es una práctica más fuerte. Se trata, desde mi punto de vista, de una combinación de ashtanga y bikram. Es para personas que buscan hacer actividad física quemando calorías pero, al mismo tiempo, manteniéndose centrados y en conexión con sus cuerpos. Las series de posturas son siempre dinámicas, por lo que requieren especialmente fuerza de brazos.

Anusara Yoga

Tiene que ver con el correcto alineamiento del cuerpo, ya que se trata de una serie de posturas que se hacen de forma fluida. A su vez, se hace mucho hincapié en lo espiritual.

Yoga ocular o eye yoga

Se trata de algunos ejercicios para fortalecer y, al mismo tiempo, relajar la vista. Una de las grandes problemáticas que acarrea el uso de la tecnología es el efecto que provoca en los ojos. Permanecemos muchas horas exponiéndolos a pantallas, ya sea de computadoras, televisores o teléfonos celulares. Esto hace que perdamos nuestra visión cada vez más y que nuestra vista esté muy cansada, que nos salgan ojeras o que suframos de cataratas o derrames. Esto también está vinculado con nuestra calidad del sueño.

Los ejercicios del Yoga ocular invitan a mover los ojos manteniendo la cara en una posición fija, al mismo tiempo que se frotan las manos generando calor. Se empieza por apoyar las manos calientes en la cara tres veces seguidas. El primer paso es mirar hacia arriba, hacia el centro y hacia abajo tres veces. Después, hacia la derecha y hacia la izquierda, también tres veces, y luego, haciendo círculos recorriendo todos los ángulos.

La segunda parte de este ejercicio consiste en estirar los brazos y subir el pulgar hacia arriba. Entonces, el brazo derecho se mueve hacia la derecha y el izquierdo se mantiene estirado. Los ojos miran hacia el lado derecho lo máximo posible sin perderlo de vista ni mover la cabeza. Después el brazo vuelve a su lugar.

Esta secuencia se repite tres veces y luego se realiza lo mismo con el otro brazo. Por momentos se frotan las manos para darle calor a los ojos, párpados, contornos y generar así una relajación. Al finalizar el ejercicio, se mantienen los ojos cerrados por unos segundos.

Lo ideal es practicarlos al menos una vez al día. La problemática de perder la vista por estar expuesto tanto tiempo a pantallas es cada vez mayor y, por eso, considero que es algo importante para tener en cuenta.

Es indispensable, también, no solo para la vista sino para la mente, dejar el celular lejos de donde dormimos, intentar no mirarlo antes de irnos a dormir, buscar momentos en los que nos tomemos un tiempo de desconexión. Necesitamos relajarnos y no estar estimulados las veinticuatro horas del día.

LAS 7 LEYES
ESPIRITUALES DEL YOGA

Estas leyes nos ayudan a unir cuerpo, mente y espíritu. Están basadas en las enseñanzas de Deepak Chopra y combinan meditación, respiración, filosofía del yoga y asanas, que te permitirán alinearnos con el universo. Tener en cuenta estos principios en la práctica de la disciplina es un agregado fundamental.

1. Ley de potencialidad pura

Nuestra naturaleza esencial es conciencia pura, la fuente infinita de todo lo que existe en el mundo físico. Puesto que somos parte del campo de la conciencia, también somos infinitamente creativos, ilimitados y eternos.

2. Ley del dar y recibir

Dar y recibir son expresiones distintas del mismo flujo de energía en el universo. Ya que éste está en un constante intercambio dinámico, necesitámos dar y recibir para conservar la abundancia, el amor y cualquier otra cosa que queremos que circule en nuestra vida.

3. Ley del Karma (causa y efecto)

Cualquier acción genera una energía que regresa a nosotros en la misma forma. Cuando elegimos acciones que traen felicidad y éxito a los demás, el fruto de nuestro karma es felicidad y éxito.

4. Ley del menor esfuerzo

Se pueden cumplir más fácilmente los deseos cuando nuestras acciones están motivadas por el amor y cuando hacemos el menor esfuerzo, al no oponer resistencia. De esta manera, aprovechamos el infinito poder organizador del universo para hacer menos y lograr todo.

5. Ley de la intención y el deseo

En cualquier intención y deseo ya existen de manera inherente los mecanismos para cumplirlos. Cuando estamos en quietud y ponemos nuestras intenciones en el campo de la potencialidad pura, tenemos acceso al infinito poder organizador del universo que puede manifestar nuestros deseos fácilmente y sin esfuerzo.

6 Ley del desapego

A nivel espiritual, todo ocurre siempre de manera perfecta. No necesitamos luchar ni forzar las situaciones para seguir nuestro camino.

7. Ley del Dharma

Todos tenemos un Dharma o propósito en la vida. Al expresar nuestros talentos únicos y emplearlos para servir a otros, experimentaremos amor y abundancia ilimitados, así como una verdadera plenitud en la vida.

"Un fotógrafo hace que la gente pose para sí misma. Un instructor de yoga hace que la gente pose para ellos mismos".

T. Guillemets

INVITADA:
TRIANA MAIDA

Ser Fitness Oficial

En un encuentro que realicé con la experta en fitness, Triana, conversamos sobre lo que quería decir "ser fitness" para cada una de nosotras, que tenemos hábitos propios que se acomodan a nuestro cuerpo y estilo de vida personales, lo que nos hace sentir un estado físico y mental óptimo.

En mi caso, antes tendía a hacer actividad física que me permitiera quemar muchas calorías y transpirar bastante, sin cuidar mi cuerpo ni reflexionar sobre su respuesta frente a determinado ejercicio. Hoy lo escucho más. Si siento que quiero hacer yoga, elijo una práctica, pero también voy a zumba o hago ejercicios que se complementen para poder trabajar todo: cuerpo, mente y espíritu.

Cuándo practicamos yoga habitualmente el cuerpo se acostumbra y se encuentra más saludable, no solo más energético por la entrada constante de oxígeno, sino también más liviano y menos tenso.

En mi experiencia personal, cuando no lo practico durante unos días y vuelvo a tomar una clase, me doy cuenta de lo necesario que es, de cómo influye en mi humor y de cómo hace que encuentre rápidamente claridad mental.

Por su lado, Triana señala que ser fitness va mucho más allá de lo estético. Es un modo, es una forma, un estilo de vida. Nos hace mejores atletas ante la vida, ya que potencia todas nuestras capacidades (fuerza, resistencia, velocidad, etc.) y nos hace más resistentes ante cualquier problema de salud o enfermedad. Se trata de ir en la búsqueda de un equilibrio interno y externo a través de hábitos saludables (alimentación natural, actividad física y descanso) y así mejorar la calidad de vida. Se adapta a cualquier persona, necesidad y objetivo. No hay edad para comenzar a ser fitness, porque donde hay ganas y fuerza de voluntad todo es posible.

"Elegí el Crossfit en su momento porque me inspiraba a desafiar mil limites. Sentía que se amoldaba a mi filosofía de vida, de intentar e intentar hasta lograrlo, de sacar lo más fuerte de uno y aunque, a veces, lleguemos al límite y nos duela o nos lastimemos, estos son piedras en el camino que tenemos que enfrentar y esas heridas o cicatrices, marcas de guerra que nos recordarán todo lo que luchamos para llegar hasta allí. Cada vez que salía del box me sentía realizada y cada vez que lograba superar mis marcas sentía aún más motivos para seguir avanzando en la disciplina. Sin ser atleta y sin competir contra otros, solo conmigo misma.

Hoy en día he pasado por muchas disciplinas que me animaron a desafiar mis límites, como el yoga, el boxeo y ahora el entrenamiento funcional, que hace que trabaje mi resistencia, que es mi punto débil.

Creo que todas las disciplinas implican un desafío y también implican despejar la mente y hacerle un bien al cuerpo. La vida es así, por eso la comparo siempre con el deporte, porque siempre nos queda algo por mejorar, por aprender, por intentar. La vida es la disciplina más bella y, a veces, más difícil, siempre y cuando no llevemos nada al extremo."

Triana Maida

El ejercicio consciente hace que los bloqueos emocionales, tensiones y pensamientos negativos se disuelvan y así nos podamos sentir mejor anímicamente. También hace que nuestra energía aumente y permanezca potenciada. La ansiedad, el estrés y los nervios provocan depresión anímica que suele generar un bloqueo mental en el que desaparecen las energías positivas.

Cuando esto ocurre, el ejercicio hace que reincorporemos este estado positivo. Sin embargo, no se trata de cualquiera, sino del que permite conectarnos verdaderamente con la actividad física, pero también con nuestro cuerpo y mente. Cuando somos conscientes de que al realizarlo estamos moviendo el cuerpo, las energías y activando la respuesta de nuestra mente, logramos un estado de consciencia total.

La actividad física consciente pasa de ser un deporte a un estilo de vida que nunca vas a poder –ni querer– dejar.

"Cuando tenía 5 años, mi madre
me decía que la felicidad era
la clave de la vida. Cuando fui
a la escuela, me preguntaron
qué quería ser cuando fuera
grande. Yo respondí: "feliz".
Me dijeron que no entendía
la pregunta y les respondí
que ellos no entendían de
qué se trataba la vida."

John Lennon

SÉPTIMO MOVIMIENTO

Consciente de mi trabajo

Desde que soy muy chica mis padres me dijeron constantemente que me dedicara a lo que me hiciera feliz. Nunca me impusieron mucho. Sí bien me exigían buenos resultados académicos y me incentivaban para que terminara mis estudios y para que pudiera estar cómoda y preparada para cuando creciera, nunca lo plantearon como una obligación sino, más bien, como un camino de búsqueda de la felicidad personal.

Mi bisabuela fundó un colegio en Mar del Plata y otro en Buenos Aires, dos instituciones importantes y muy prestigiosas. Toda mi familia se dedicó a la educación y esto es algo que yo respeto muchísimo, pero nunca me interesó involucrarme. No fue nada fácil no continuar el camino familiar pre establecido, pautado de antemano.

Siempre sentí que mi pasión iba por otro lado. Me acuerdo que mi mamá me decía que ella se sentía presionada a seguir adelante con el colegio, a involucrarse al cien por ciento y que eso era justamente lo que no quería para mi hermana y para mí. Gracias a esto yo pude hacer mi camino, abrirme paso para encontrar algo que me enriqueciera interiormente. En medio de esta búsqueda, primero pensé que mi realización personal pasaba por la moda y la comunicación, pero ahora descubrí un camino más enriquecedor, ligado a lo espiritual.

Siempre busqué lo que me motivara. Trataba de encontrar la diversión y la plenitud en todo lo que realizaba, pero al mismo tiempo, me interesaban los desafíos y el trabajo en sí. Cuando sentía que dejaba de responder y adaptarme bien a uno o a un rol en particular, buscaba un cambio para superarme y sentirme mejor.

Ya dije era una apasionada de la moda y pensaba que encontraría la felicidad y plenitud laboral trabajando en una marca de ropa, yendo a desfiles, armando showrooms y catálogos de prendas todo el día. Ahora, eso ya no me llena. Estoy convencida de que por mucho tiempo voy a seguir en esta búsqueda interior. Gracias a ella puedo complementar el aprendizaje constante de técnicas para superar mi salud mental y corporal con la ayuda a los demás.

Creo que justamente en eso radica mi plenitud laboral: cuando hago algo por el otro, ayudándolo a quererse y a sentirse mejor siendo quien es, encuentro esa felicidad que siempre busco.

Entender esto me costó muchísimo. Cuando abandoné Londres y volví a la Argentina para estar cerca de mi familia, sentí que mi carrera profesional colapsaba y desaparecía. Realmente no sabía qué iba a hacer, solamente deseaba encontrarme con mi papá y mi hermana. Estaba perdida, totalmente desorientada, pero algo me decía que mi vida tenía que cambiar.

Cuando hice el profesorado de yoga lo pensé como algo para mí y no necesariamente para compartir con otros. Pero un día, me encontré dando una clase en un Jardín de infantes para los chicos de las salitas de cuatro y cinco años, ¡y fue increíble! Tuve consciencia de que había vivido uno de los momentos especiales que me llevaron a ese "darme cuenta". El amor que recibí fue tan inmenso que no podía dejar de sentirme profundamente plena y feliz; fue una sensación única. A partir de entonces empecé a dar más y más clases. Iba al colegio con mis aros largos, mis malas (collares que se utilizan para meditar) y pulseras llenas de colores, cosa que era impensada cuando trabajaba en moda porque solía vestir de negro todo el día. Mi papá y mi hermana me pedían que me sacara algunos de los accesorios; claro, ellos no entendían este cambio, pero estaban felices de que estuviera de vuelta.

Cuando empecé a imaginarme en este nuevo rol, en esa nueva profesión, todo parecía una maravilla, era feliz pero, al mismo tiempo, me sentía muy presionada e insegura respecto de lo que me imponía mi familia.

Viene a mi memoria en este momento un bello recuerdo de Bali. Un día, habíamos hecho la ceremonia del cacao en la que cantábamos mantras y tomábamos esta bebida para lograr una apertura de los sentidos, para que pudieran aparecer situaciones y pensamientos trabados.

Aprendí que el cacao usado de manera ceremonial y terapéutica es una gran herramienta, ya que propicia el trabajo con las emociones y la conciencia. Nos permite conectarnos con nuestra sabiduría personal y con el maestro que cada uno de nosotros lleva dentro. Esto nos permite crear, fluir y compartir.

Aún puedo verme en esa circunstancia: totalmente inmersa en la experiencia, atenta a las imágenes que se presentaban ante mí. La profesora que lideraba la ceremonia me resultaba muy inspiradora. Todos entonábamos el *hohoponomopono,* un canto hawaiano que habla del amigarse con tus familiares, fundamentalmente con nuestra madre. Ese término significa corregir, restaurar y mantener buenas relaciones entre la familia y los poderes sobrenaturales. En otras palabras, se trata de una conferencia familiar en la que las relaciones se corrigen a través de la oración, la discusión, la confesión, el arrepentimiento, la restitución mutua y el perdón.

Recuerdo que me emocioné mucho cantando. No dejaba de pensar en mi mamá, me sentía conectada con ella, en la misma vibración. Algo me decía que lo que estaba haciendo me estaba llevando al destino correcto. Después de la ceremonia, en el trayecto hacia mi cuarto, una flor blanca cayó de un árbol exactamente al lado de mi pie y supe que era una señal. Por alguna razón sentí que ella estaba ahí, al lado mío, estábamos las dos bien juntas. Volví a emocionarme profundamente, le saqué una foto a la flor y la mandé al grupo de *whatsapp* que tengo con mi papá y mi hermana. Ahora, forma parte de mi diario íntimo y emotivo de ese viaje por Bali.

Al día siguiente, tuvimos una clase de yoga pre natal con Lindsey, la mujer que coordinaba la ceremonia el día anterior. Vuelvo a pensar que me despierta y me inspira mucho su transparencia, su ser. Al final de la clase, en el savasana (postura final), recordé lo que había soñado la noche anterior, me di cuenta por qué me estaba sintiendo cansada, rara, incómoda. En ese sueño estaba con mi papá y con mi hermana. Con ella hablábamos por teléfono con mi mamá y le decíamos que por favor volviera, que la extrañábamos, que la necesitábamos. Ella nos decía que no nos preocupáramos porque estaba bien, que nos extrañaba pero que estaba en paz. Cuando recordé este sueño me sentí libre. Fue muy emocionante. Sabía que ella estaba conmigo, acompañándome en la decisión que había tomado porque me llevaba a donde realmente quería estar. Esta sensación de completa cercanía con mi madre me dio mucha confianza y las ganas de seguir mi instinto. Aunque ella no esté con nosotros físicamente, sé que me acompaña todo el tiempo y que me diría, aunque todavía me pese, que no importa lo que opinen los demás cuando se trata de decidir qué queremos lograr en esta vida.

Cundo volví a Argentina supe que era el momento de decidir. Muchos me preguntaban: "Agus, ¿solo vas a dar clases de yoga? ¡Pero estudiaste una carrera universitaria!" ¡Ufff! ¡Cómo cargué con tanta presión!

Durante todo un año tuve que involucrarme en temas del colegio para ganar algo de plata, porque con mis clases no era suficiente. Sin embargo, en el fondo, sabía que esto iba a terminar un día y que haciendo lo que me apasionaba iba a poder ganar mi propio dinero y acá estoy.

Tuve una conversación con mi papá en la que le dije que ya no iba a depender más económicamente del colegio. Gracias a mi actual trabajo con distintas marcas por el que doy charlas, coordino meditaciones o clases de yoga, hoy puedo mantenerme económicamente y he escrito este libro. Puedo manejar mis tiempos sin seguir atada a los cronogramas de los gimnasios y las clases particulares. Puedo estar en Mar del Plata cerca del mar junto a mi tabla de surf y mi familia, viajar de vez en cuando para seguir inspirándome.

Y bueno, ¿vieron?, ya no tengo que estar defendiendo mi profesión de profesora de yoga, ya clasifico como una joven profesional. Mi conclusión es que para llegar a donde se quiera llegar, se necesita romper con muchas barreras, con muchas opiniones contrarias a la nuestra. Tenemos que arriesgarnos, confiando en que después de las crisis por las que seguramente vamos a pasar, vamos a encontrar un panorama positivo. De eso se trata la vida, de jugársela, de explorar, de vencer desafíos, pero siempre queriendo el bien personal y el colectivo.

Hacia el trabajo pleno

Cuando estoy bien conmigo misma me siento plena con mi carrera profesional. Siento que estoy en el camino correcto y que nada me haría más feliz que lo que estoy haciendo. Dejo de lado el "deber ser" impuesto por mi familia, amigos o personas cercanas, abrazo mi situación y me entrego. No hay nada que se sienta mejor. Saber con certeza interior que se está en el proceso de búsqueda de lo que nos hace bien, potencia y deja fluir una corriente que lleva al puerto indicado.

En la mayoría de los retiros que realizo o a los que asisto, el trabajo es uno de los principales temas a abordar. Muchas personas llegan confundidas, con ganas de renunciar y, finalmente, terminan haciéndolo. Descubren que es necesario experimentar una crisis, un quiebre que les permita encontrar y fundar un nuevo destino. Muchas veces, también desean un cambio para desenvolverse mejor en sus profesiones. Buscan sentirse en movimiento, ser más creativas y, de esta forma, lograr una mayor motivación.

Frecuentemente recibo mensajes en mi Instagram en los que me preguntan cómo hacer para animarse a romper con una carrera profesional y con lo impuesto en general. En definitiva, son cuestionamientos acerca de cómo afrontar el desafío de renunciar a todo para perseguir un sueño. Mi recomendación siempre es la misma: animarse, juntar coraje, seguir el instinto, el corazón. Buscar incansablemente lo que nos mantenga despiertas. Probar, una, dos, tres, mil veces hasta encontrarlo, porque sé que aunque tarde en llegar, siempre podemos encontrar eso que nos da plenitud y felicidad. El riesgo es parte del proceso y es justamente lo que lo hace más atractivo. Una vez alcanzada la meta, la recompensa será mayor al ver que pudimos vencer determinados obstáculos con persistencia y esfuerzo y no que lo logramos solo porque nada nos supuso una dificultad o resistencia. De esta forma, llegaremos a sentir que realmente crecemos, progresamos y nos empoderamos.

Cuando hacemos lo que verdaderamente nos gusta con pasión y mucho empeño, contagiamos, inspiramos y transmitimos una seguridad que hace que otros quieran seguirnos y crecer con nosotros. Creo que no hay nada más lindo que sentir que encontraste un lugar en el cual ser plena, un lugar que vos misma buscaste y creaste. Cuando encontrás algo que te llena de tanta satisfacción, ya no se experimenta como un trabajo sino que pasa a sentirse como un hobby, una diversión constante.

Otro tema que también surge en los retiros es la insatisfacción respecto de lo que se gana. Muchas de las mujeres que conozco en estos encuentros no se sienten satisfechas con su sueldo, consideran que merecen uno mayor y no se animan a pedirlo. Reclamar un aumento y justificarlo es otra estrategia más de nuestra competencia laboral. Considero que si nos mantenemos siempre en el mismo lugar nuestro jefe va a pensar que no estamos motivadas con lo que estamos haciendo o interesadas en superarnos, no nos dará un aumento y posiblemente busque a otra persona. El incremento salarial tiene que ver con nuestras expectativas, con nuestras ganas de volvernos más creativas y pro activas, sea cual sea el puesto que tengamos.

Pedir tiempo para hacer cursos o capacitaciones que complementen el rendimiento laboral es otro tema del que frecuentemente charlamos. A veces, surge la inseguridad respecto de pedirlo o no, generalmente, por miedo a que la respuesta sea "no", a que nos despidan, a que piensen que estamos desinteresadas por nuestro empleo. Creo que no hay nada mejor que llevar nuevas propuestas e ideas al trabajo. Por lo tanto, siempre es mejor capacitarnos, aprender innovadoras estrategias y emprender un camino de auto superación, consecución de objetivos y metas. Cuando nos sentimos productivas, en movimiento, en crecimiento, estamos mucho más cerca del bienestar personal y emocional.

Por último, otra temática recurrente en nuestros encuentros es el hecho de no saber repartir el tiempo de forma equilibrada y terminar destinando el noventa por ciento de él al trabajo. Si no nos respetamos nadie va a hacerlo por nosotras. El empleo que tengamos no es lo más importante de nuestras vidas, por eso debemos complementarlo viviendo saludablemente, haciendo deportes, reuniéndonos con amigos, etc. Todas estas actividades hacen que nos despejemos, que estemos menos tensionadas y, así, también nos ayudan a que seamos más eficientes y productivas en la jornada laboral.

7 TÉCNICAS PARA EMPRENDER DE MANERA CONSCIENTE

Por Sergio Fernández,
Instituto de Pensamiento Positivo.

1. Pongamos nuestros dones y talentos al servicio de los demás

Es lo primero que tenemos que hacer. Si no encontramos ese don o ese talento propio, todo lo demás va a fallar. La única manera de tener éxito en la vida es poner aquello que sabemos hacer mejor que nadie (siempre hay algo que sabemoss hacer mejor que nadie) al servicio de los demás. Hasta cierto punto tiene sentido que los seres humanos ocultemos a los ojos de los otros lo peor de nosotros mismos, pero, ¿qué sentido tiene que escatimemos a los demás lo mejor de nosotros mismos? ¡Es una locura! Y, sin embargo, una locura demasiado cotidiana.

De modo que la cuestión es: ¿estamos dispuestos a hacer todo lo que esté a nuestro alcance por encontrar aquello que nos va a permitir vivir feliz?

2. Compromiso al 100 %

Habitualmente se confunde el compromiso con la motivación, pero esta últiman es algo efímero: como viene se va y cuesta mucho trabajo mantenerla. El primero tiene más que ver con establecer un rumbo y mantener fijo el timón en esas coordenadas contra viento y marea. Sostener la misma dirección es comprometerse al cien por ciento.

3. Apagar el piloto automático

Es imposible obtener resultados diferentes si no actuamos de manera distinta. Los seres humanos estamos, por defecto, en piloto automático. Pero emprender con éxito requiere de algo que Sergio Fernández denomina "conducción consciente". La clave reside en que se actúe en todo momento desde la mejor versión de nosotras mismas. Actuar siempre desde la consciencia. No se podrá gobernar la vida salvo que logremos gobernar primero nuestros pensamientos.

4. Necesitamos saber para qué

La mayoría de los que se proponen emprender cometen el error de plantearse, en primer lugar, cómo sacarán adelante su modelo de negocio. No es descabellado que tanta gente fracase a la hora de auto emplearse, ya que el cómo es una vía muerta que no lleva a ningún sitio. Si verdaderamente deseamos emprender con éxito, hay que plantearse las preguntas en el orden lógico: buscar primero un *para qué* potente, después hay que cuestionarnos qué vamos a hacer para satisfacer neustro "para qué" y, por último, pensá en el cómo.

5. Cambiemos la forma de pensar y de sentir

Determinados pensamientos nos llevan a determinadas emociones. Determinadas emociones nos encaminan a determinadas acciones. Determinadas acciones nos llevan a determinados hábitos. Y determinados hábitos tienen una única consecuencia, que es obtener resultados. En la vida lo único que estamos obteniendo son resultados.

6. Todo es negociable: también nuestra realidad

Es impresionante comprobar que cuando se está dispuesto a pedir, la vida está dispuesta a dar. Saber y comprender esto abrirá puertas. La clave para poder negociar con éxito (también con la vida) y transformar la realidad, es poner muchas variables en juego y no ceñirse únicamente a una o dos, como suele ser habitual.

7. No obtener resultados, no es un fracaso

Aunque parezca sorprendente y hasta contradictorio, también hay que aprender que fracasar puede llegar a tener innumerables ventajas. Es lo que Sergio llama "las ventajas de la escasez". Cualquier conducta humana, en origen, es adaptativa. De manera que, hasta que no sepamos qué ventaja te aporta el hecho de que no estemos obteniendo los resultados que deseamos, no podremos obtenerlos nunca.

¿En qué consiste un trabajo consciente?

Desde mi punto de vista, tiene que ver con encontrar la razón por la cual destinamos todo nuestro tiempo a una profesión, a una organización, a una tarea. Para eso, necesitamos analizar si hacemos lo que hacemos porque lo hace otra persona, porque está de moda, porque da más dinero, por impulso o porque en ese momento nos resulta interesante.

A veces, es difícil encontrar la razón por la cual elegimos dedicarnos a cierta actividad y, entonces, nos encontramos desmotivadas, sin ganas, tristes. Llamaría trabajar inconscientemente a estar cumpliendo horas sentado en un escritorio, sabiendo que no es el lugar en el que queremos estar, sin preocuparnos por ganar más dinero ni por llegar a un puesto más alto jerárquicamente o con mayores desafíos. Sólo depende de nosotros quedarnos en ese lugar o intentar buscar otra opción más motivadora y enriquecedora.

¿Cómo podemos darnos cuenta de que estamos realizando actividades laborales de manera inconsciente?

Porque nos encontraremos sumergidos en empleos:

−que no llegamos a entender,

—en los que nos sentimos cansados y sin energía,

—en los que nos auto percibimos "atados", sintiendo que, aunque queramos, no vamos a poder dejarlos,

—que demandan mucha dedicación, entrega, tiempo y esfuerzo, pero sabemos que nunca vamos a recibir la recompensa económica necesaria.

Si experimentamos algunas de estas sensaciones es porque algo no está del todo bien. Necesitamos enfrentarlo ya que, de lo contrario, estaríamos haciendo un trabajo inconsciente que nos provocaría un gran agotamiento, no solo durante la jornada laboral, sino también durante nuestro tiempo de ocio. El salir desganadas, poco motivadas, dormir poco y mal, no tener iniciativa de crecer y mejorar termina afectando la totalidad de nuestra vida.

¿Cuál es el objetivo de un trabajo consciente?

El objetivo sería lograr la felicidad y plenitud en un determinado trabajo, actividad o profesión. Pero, la pregunta es: ¿cómo lo conseguimos?

Creo que dos son las alternativas, o bien seguir en el mismo, pero con otra actitud, siendo pro activa, intentando escalar más alto, enfrentando desafíos y poniéndote metas claras, o buscar nuevas opciones para cambiarlo, quizás en una nueva empresa o profesión.

Cualquiera de estas dos alternativas dará satisfacción, motivación, avance y, finalmente, alegría y bienestar.

En definitiva, un trabajo consciente es aquel que disfrutemos, con el que nos sentamos realizadas y plenas.

Depende de una misma construir este camino de satisfacción.

Emprender surgió como una posibilidad desde muy chica. Trabajaba en relación de dependencia y enseguida me di cuenta que esto no me daba la libertad en el día a día que yo quería. Sin embargo, sabía que era muy importante, porque significaba un espacio de aprendizaje cuando aún no tenía tanta experiencia laboral. Siempre tuve esta idea de hacer algo propio, pero surgió más fuerte con mis primeros empleos entre los 24 y 27 años, cuando trabajé casi un año en un banco en Madrid y después en una empresa de investigación de mercado en Argentina. Llegó un momento en el que me di cuenta que aprendía, pero mi creatividad se veía restringida. Seguía sumando experiencia y necesitaba el ingreso fijo, pero me desmotivaba el sentir que me acoplaba a algo muy grande, que no me dejaba fluir al 100%. Me faltaba algo. La sensación de querer hacer lo propio era cada vez más fuerte: quería generar un proyecto donde pudiera crear sin límites, a mi manera, y que ningún jefe me dijera que no.

Esas ganas fueron mi motor, lo que me llevó a pensar cómo arrancar. Creo que el disparador siempre surge de la incomodidad, y no hace falta tener muchas respuestas para lanzarse: tenía esa necesidad muy clara pero no el cómo ni el qué. Tenía que encontrar el propósito de mi emprendimiento, una idea de la cual enamorarme. Eso me llevó a explorar muchos caminos, a buscar, a moverme. Empecé a salir: grupos de *networking*, contacto con otros emprendedores.

Era 2009, no había mucho movimiento en ese mundo y yo me sentía afuera. Así fue que decidí crear un espacio donde yo pudiera encontrar respuestas para mí misma y, a la vez, conectarme con otras cabezas, ver qué había afuera y qué podía resonar en mí. Un ecosistema en el que vincularme con las personas en las que yo quería convertirme. Me surgía todo el tiempo una pregunta: ¿qué están haciendo los que ya dieron el paso? Las ideas fueron surgiendo naturalmente, y así nació *LadiesBrunch*, mi emprendimiento, una plataforma de empoderamiento para mujeres emprendedoras. Es una comunidad, un espacio donde pueden dar el salto para algo más grande: desde conocer a alguien que las inspire, aprender algo nuevo, hacer una alianza con alguien, escuchar a una mentora que pasó por algo similar a lo que están pasando, y mucho más. Con *LadiesBrunch* reafirmé que la importancia de una red es clave, todo lo que sucede llí es fundamental y enriquecedor para cada integrante, desde los que están en la misma que una, hasta quienes saben más y pueden orientarnos. Todo eso se genera en *LadiesBrunch*, y hoy, casi diez años después, es una comunidad de más de 40.000 mujeres, expandiéndose en toda la Argentina y más de diez ciudades de habla hispana, que recibió premios y distinciones -entre ellos, el *Fortune - U.S. Department of State Global Women's Mentoring Partnership* en 2013 y el *Facebook Community Leadership Programme* en 2018, que destaca y apoya a los líderes de comunidades más importantes del mundo, y sigue creciendo.

Estos son los primeros pasos para emprender, desde mi propia experiencia:

Vincularse

Es fundamental, lo primero que hay que hacer es conocer a otros emprendedores, inspirarse con ellos y entender cómo piensan.

Inspirarse

La inspiración llega buscando. Leer libros, artículos de diarios y revistas, ver videos, buscar informarte sobre qué está pasando en otros países, es fundamental. En mi caso, el primer emprendimiento que planteé como un negocio surgió al año de búsqueda, me resonó una empresa de experiencias gastronómicas y así nació *Fuudis*, mi primer negocio. Armé un plan, me asocié, organicé un proceso de trabajo. Todo surgió de la investigación.

Investigar

Hay que buscar información, procesarla y encontraremos claves importantísimas. Hay que investigar no sólo en tu mercado sino en el mundo, identificando qué está pasando en relación a la temática que se quiera abordar. Y aplicar todo lo que se haya aprendido en relación de dependencia, siempre hay algo que se puede tomar y sumar al proyecto. Investigar es entender qué necesidad hay. Además de encontrar la pasión en lo que se elija hacer, es necesario encontrar el espacio. Y en esto es clave recordar que no tiene que ser algo original y único, que nadie hizo antes: siempre hay gente haciendo. La importante es pensar qué podemos aportar en ese segmento que nadie hizo todavía, encontrar esa necesidad puntual y enfocarse en eso. Preguntarnos, ¿cuál es la motivación por la que trabajamos? Si es sólo competirle al de al lado y ofrecer lo mismo, no alcanza. Encontremos un espacio en el que podamos aportar valor.

Buscar el diferencial

Cuando uno emprende, se enamora de su idea y eso está perfecto, pero sea lo que sea que se ofrezca, tiene que estar solucionando un problema real. Hay que buscar certezas, y será ahí donde nuestra idea se transforme en un objetivo concreto y no en algo ciego. Buscar el diferencial, entender que lo que se ofrece tiene que ser diferente o mejor que el de la competencia, es fundamental. Lo importante es que sea una decisión consciente y no librada al azar.

Tomar la decisión de cómo va a hacer nuestro negocio, cómo vamos a diferenciarlo del resto y que eso sea el faro siempre.

Fijar un objetivo

Hay que tener en claro qué se quiere generar, fijar objetivos concretos a corto, mediano y largo plazo. Si tu objetivo es lanzar una línea de accesorios, hay que delinear los pasos para llegar a ese objetivo, y que nos sirvan de guía hacia donde tenemos que ir. Cuando se emprende, a medida que nos movemos, surgen contactos y oportunidades que pueden desviarnos a otro lado.

Dejarse llevar puede ser bueno en algunas ocasiones, pero en otras puede hacernos perder el tiempo. Hay que tener en claro qué cosas que puedan surgir están alineadas con nuestro objetivo y cuáles no. No hay que decir si a todo. Fijemos nuestras metas y avancemos con seguridad.

Ser flexible

Puede haber muchos caminos para llegar a lo que queremos, pero tienen que estar conectados con nuestro objetivo mayo y no hay que perder de vista esa conexión necesaria. En mi experiencia personal, me abrí a otras cosas que fueron surgiendo y eso me terminó alejando de mi objetivo final por un tiempo. No me fue mal, pero me desvió de ese camino. A veces no queda otra, pero si se mantiene nuestra meta final clara y nos comprometemos o con el proyecto, lo más probable es que, las oportunidades que aparezcan, sucedan dentro de ese terreno y no en otro. A veces, el emprendimiento no genera ganancias al principio, por lo que ser flexibles es importante, pero lo fundamental es no perder de vista la meta.

Accionar

Este es el paso bisagra. Por alguna razón, muchas personas no lo superan al emprender y no prosperan. Hay que estar 100 % segura de lo que estamos haciendo y accionar. Si lo estamos, no hay duda de que lo que hagamos va a completar una necesidad en el mercado.

La experiencia de una mujer que emprende, puede servirles a otras. Hay un camino grande por recorrer. Me gustaría que las mujeres lleguemos a armar empresas con un nivel de complejidad y tamaño al igual que los hombres, algo que todavía no se ve del todo. Lamentablemente, todavía hay que demostrar que no nos quedamos atrás.

Como emprendedora, me siento responsable de mostrar que podemos ir más allá de lo que pensamos, muchas veces los límites nos los ponemos nosotras. Hay que pensar en grande.

Si se está pensando en emprender o ya se lo está haciendo, pero se siente que falta crecer, puede ser muy útil un ejercicio muy simple. Son tres preguntas para conectarse con lo qué se quiere, para poder entender dónde se está parada y seguir avanzando.

1.¿Dónde se está hoy?

Hay que ser honesta con una misma. Respondér sobre lo bueno y lo malo, bucear para entender conscientemente dónde se está parada hoy y dejar el piloto automático.

2.¿A dónde queremos ir?

Hay que preguntarse dónde queremos estar en uno o dos años, qué nos gustaría que sucediera y escribirlo detalladamente.

3.¿Por qué queremos esto?

Acá es donde va la conexión hacia adentro. ¿Emprendemos sólo para generar ingresos o por otro motivo? ¿Nos genera más tiempo libre para estar con nuestros hijos? ¿Hacerlo ayuda a que otras personas sean más felices? Debemos ir al fondo de porqué emprendemos.

Es recomendable revisar cada tres o cuatro meses estas preguntas y nuestras respuestas, para no perdernos y reconectar con el objetivo que tenemos. Y luego enfocarnos de nuevo en cómo hacemos lo que hacemos, cómo alcanzamos lo que buscamos. Pensemos en todos los pasos anteriores y revisemos en dónde tenemos que hacer hincapié para seguir creciendo en pos del objetivo. Todo esto es parte del proceso del emprendedor. Recordemos siempre que no hay una una única respuesta ni un sólo camino, pero estos pasos, seguramente, nos llevarán a conectar con la respuesta más profunda y certera: la que está adentro nuestro.

Consciente de mis emociones

Los estándares que impone la sociedad actual sobre cómo debe verse una mujer, han logrado desempoderarnos en relación a cómo nos mostramos a los demás. El efecto es tan grande que también afecta y condiciona lo que creemos que es "ser una mujer", ya que nacimos en un mundo en el que constantemente nos etiquetan por cómo nos vemos exteriormente.

Se le da muchísima importancia a lo que se ve, a la apariencia. Pero, ¿qué pasa con lo que sucede y surge en nuestro interior?

En medio de este contexto de redes e inmediatez, no es inusual encontrar chicas que quieren mejorar su imagen a cualquier costo. Algunas se esfuerzan por cambiar el aspecto físico, tener el abdomen más tonificado, los glúteos firmes, las piernas delgadas. Esta búsqueda tiene caminos saludables como es la actividad física, y otros que no lo son tanto. Uno de los caminos más incorrectos es cambiar la dieta sin ningún tipo de asesoramiento y de manera drástica. Debemos tener en cuenta que los cambios que hacemos en lo que ingerimos, alteran e impactan directamente en nuestras emociones ya que, cómo nos sentimos con respecto a nuestro cuerpo, se refleja directamente en el estado de ánimo.

Una de mis grandes maestras, a la cual voy a mencionar reiteradamente en este capítulo, nos contaba que muchas encuestas informan que más del noventa por ciento de las mujeres no estaban contentas con sus cuerpos. Cuando se les preguntó sobre cuáles eran las razones de esta insatisfacción, la mayoría asumió que tenían vergüenza. Este sentimiento, que es el que se manifiesta en mayor medida, es el que nos lleva a sentirnos sumamente inseguras, al punto extremo de hacernos dudar acerca del hecho de si somos queridas o no.

Cuando este sentimiento se instala, debemos recordar que esta forma de sentir y pensar a nuestros cuerpos es fomentada por nuestra cultura, por lo que hoy vemos en las redes sociales, en televisión y en cualquier medio de comunicación. Es decir, esta belleza es una convención social que pretende igualarnos para que no aceptemos la nuestra y singular. Si hacemos caso a este contexto sufriremos por nuestra imagen, es difícil responder a modelos externos. Intentar cumplir con el estereotipo, muchas veces, nos lleva a no querer mirarnos al espejo, a desconectarnos de nuestro cuerpo, a dejar de comer o hacerlo en demasía

Durante los años que estuve en la industria de la moda, este tema me afectó muchísimo, y no solo a mí sino también a mis compañeras de trabajo. Sentirme insatisfecha respecto de mi apariencia física influía directamente en mi actitud, en mi seguridad personal, en mis tareas. Como dije antes, los desórdenes alimenticios eran muy comunes. Literalmente, este tema ocupaba la totalidad de nuestras charlas en la oficina. Solo hablábamos de lo que habíamos comido, de cuántas calorías podíamos ingerir o cuántas debíamos quemar, qué talles usábamos, qué nuevas prendas luciríamos...

Un día, una de mis compañeras me contó cómo sufría por esta presión a tener determinado cuerpo y peso. En esa búsqueda, empezó a padecer de bulimia y anorexia. Al instante, cayó en la depresión y sentía que el mundo se derrumbaba. Sufría una tristeza enorme y, más allá de que había bajado cerca de diez kilos, se seguía sintiendo gorda. Esto afectó por completo la relación con su pareja, ya que no tenía ni fuerzas ni ganas de hacer nada. Es impresionante cómo este desorden puede marginarte de la sociedad.

Hoy en día, una persona con sobrepeso puede ser mirada con desprecio o lástima, hasta, incluso, pueden afirmar que tiene desequilibrios internos sin siquiera conocerla o intentar acercarse a ella. Es necesario hablar de esta problemática porque es súper frecuente que sea un factor decisivo al momento de ser elegido para un empleo o de encontrar una pareja.

Hace unos días, investigando sobre este tema que siempre llamó mi atención, les pregunté a algunos amigos qué es lo que miraban en una mujer, qué aspectos los atraían. Uno de ellos me dijo que hay chicas muy lindas, pero que con eso no alcanzaba. Agregó que muchas se muestran muy inseguras, tienen complejos por los que se vuelven muy tímidas y, a veces, mentirosas. Concluyó diciendo que no había nada más lindo que una mujer alegre, activa, independiente y transparente. Me pareció muy interesante todo lo que surgió en esta charla y en un futuro me encantaría investigar más sobre esta relación entre belleza y actitud.

Hay un tema del que hablamos muy poco y me gustaría tenerlo bien presente en este capítulo, ya que tiene que ver esencialmente con el vínculo entre nuestro cuerpo y las emociones: el ciclo menstrual. Cuando lo conocemos en profundidad, nos volvemos más sabias, y podemos reconocer mejor nuestras emociones, anticiparlas, comprenderlas y aceptarlas.

Muchas de nosotras, perdemos nuestra menstruación por un período de tiempo a veces mayor y, otras, menor. Muchas veces por estrés, por desórdenes alimenticios, por ansiedad o depresión. Generalmente, lo creemos un tema tabú que mantenemos en secreto y que ni soñamos en compartir con los hombres que nos rodean.

La menstruación es algo que nos empodera. Cuando estamos más conectadas con nuestro cuerpo y nos escuchamos, nuestro ciclo fluye mejor. En vez de tomar al período menstrual como algo doloroso, es mejor sentirlo y valorar lo que está ocurriendo dentro de nuestro cuerpo, porque es sinónimo de salud y evidencia de la sabiduría del complejo organismo humano y su funcionamiento en equilibrio.

Las mujeres somos cíclicas, pasamos por diferentes estadios físicos y emocionales que tienen que ver con nuestro sexo. Eso es algo que no se enseña en ningún lado. Muy pocas veces se encuentran espacios para el diálogo y la reflexión verdadera en las escuelas o en nuestra propia familia.

BexTyrer, mi profesora de yoga, narra su experiencia de la siguiente manera:

"…por mucho tiempo, no tuve idea sobre mi menstruación. Para mí era el momento de sangrar, momento para descansar. Solo pensaba en el dolor y tomaba pastillas para que pasara rápido. A veces, incluso me daba vergüenza por lo que escondía mis tampones o los pedía a escondidas."

Después de conectar con este proceso, de investigar lo que pasa dentro mío, de conocerme verdaderamente, aprendí que nuestro período menstrual se organiza del mismo modo que las estaciones del año. Pasamos por las cuatro cada veintiocho días:

- Fase pre ovulatoria, primavera: nos sentimos enérgicas, pocas veces tenemos dolores.

- Fase ovulatoria, verano: aumenta el apetito, suele crecer el tamaño de los pechos.

- Fase pre menstrual, otoño: pueden aparecer ansiedad, dolor de cabeza, retención de líquidos.

- Fase menstrual, invierno: dolor pélvico, migrañas, si estamos con pocas energías, es más probable que nos enfermemos.

Durante la estación primavera, la energía nos levanta, nos eleva y nos lleva al verano. Cuando pre ovulamos, somos más dinámicas y activas, tenemos más fuerza, queremos decir que sí, cumplimos con todos nuestros planes, somos más sociables. Queremos planificar, organizar.

La otra parte del ciclo, en la que la energía baja, es igual de importante. Cuando nos contraemos, somos más empáticas, escuchamos mejor. En otoño, cuando las hojas caen de los árboles, los días se vuelven más cortos. Es ese el momento para conectarnos con nostras mismas, para decir que no y descansar. Durante el periodo menstrual, a veces, estamos más cansadas y tristes. Está bueno escucharnos y mimarnos, darnos esos gustos que aparecen, como querer comer chocolate u otras cosas muy nutritivas.

Para muchas de nosotras, en esta sociedad todo es *multitasking*. Siempre hay que hacer de todo y bien, rápido, de una manera eficaz. Ya no respetamos estas estaciones ni los diferentes momentos del día. Tenemos aire acondicionado en verano, calefacción en invierno, luz toda la noche, dormimos de día, como si todas las estaciones fueran lo mismo, como si todas se fusionaran en una, sin particularidades ni tiempos diferenciados.

Cuando estamos con la energía baja, generalmente durante la etapa del otoño, querer satisfacer las demandas del afuera, ya sea el trabajo, los afectos o la pareja, nos hace estar sumamente activas sin respetar el tiempo de descanso que nuestro cuerpo nos pide. Es fundamental oír lo que éste nos dice, estar atentas a nuestras emociones y ser coherentes con ellas. El malestar que genera desatender lo que necesitamos, no es únicamente propio de las mujeres que atraviesan su período menstrual, sino que nos sucede a todos.

Conocer mi ciclo menstrual me da mucha fuerza, me permite darme cuenta de por qué puedo hacer algunas cosas o por qué no quiero hacer otras. A veces, antes de que me venga el periodo, me es muy difícil concentrarme en determinadas actividades. Sin embargo, ahora que soy consciente de ello, me ocupo en trabajar otros aspectos de mi persona como, por ejemplo, mi lado creativo. En esos momentos me dedico a la escritura, pero cada una de nosotras debe encontrar esa actividad en la que se sienta mejor en sus momentos de mayor sensibilidad.

Es importante que cada mujer conozca cuándo le está por venir y que pueda reconocer sus estaciones internas.

Durante la menopausia, es fundamental conectarse con las estaciones externas, cuando hay luna llena, por ejemplo, tenemos mucha más energía que cuando está la nueva.

Si queremos ahondar en este conocimiento, podemos adoptar la rutina de escribir cómo nos sentimos en cada momento del ciclo. Así, llevando un registro de nuestro estado de ánimo y, relacionándolo con las fases de nuestro período menstrual y de la luna, podremos ver que, muchas veces, seguimos patrones que se repiten mes a mes.

Cuando reconocemos los ciclos y las estaciones podemos tener una mejor relación con nosotras mismas. También está bueno hacérselo saber a nuestra pareja para que entienda por qué no tenemos mucha energía, estamos sensibles o de mal humor. Es bueno estar en contacto con lo que sentimos para respetarnos de verdad. Si no tenemos ganas de hacer deporte o salir, tal vez es momento de dejar de escuchar lo que "deberíamos hacer" y, simplemente, quedarnos en casa.

Qué importante es saber todo esto, ¿no?

Nunca supe nada de lo que hoy comparto con ustedes, no me interesaba investigar cómo funcionaba mi ciclo menstrual. Pero ahora que lo sé, puedo ser más compasiva con mi cuerpo, puedo dejar de exigirlo para entenderme, respetarme y cuidarme.

Este es el momento de continuar hablando de la mujer, de nuestro poder femenino y de cómo se relaciona con nuestras emociones. Hoy, hay una tendencia a ser todopoderosa, a resolverlo todo, a ser auto suficientes, a veces, a ser la que lleva el dinero a casa, a tomar las riendas de una relación. Ahora bien, ¿dónde se ubica el hombre frente a este panorama? Muchas veces no lo sabe.

Traigo este tema para que lo pensemos juntas porque, mientras escribo este capítulo sentada en un café, veo a dos mujeres charlando en una mesa cercana a la mía y las escucho hablar de congelar óvulos, de inseminación artificial, de qué pasa después de los treinta y cinco años. Las siento preocupadas, ansiosas. Hablan muy seriamente y, mientras, me pregunto si el ser madres antes de los treinta y cinco años no será una cuestión impuesta por la sociedad. ¿Qué pasa si no lo somos madres antes de esa edad? ¿Y si no lo somos nunca? ¿Lo seremos porque queremos o porque debemos?

Considero que en el contexto actual de mujeres empoderadas que han logrado conseguir tantos derechos, que han hecho avanzar a la sociedad entera, es lógico que repensemos el rol que le damos a la maternidad. Muchas veces deja de ser un deseo de todas o se dilata voluntariamente hasta pasados los cuarenta años.

LOS 6 DONES EMOCIONALES DEL CEREBRO FEMENINO

Por *Raquel Aldana*

El cerebro femenino es experto en:
• Leer caras.
• Interpretar tonos de voz.
• Analizar matices emocionales.

Eso sí, esto no es sinónimo de infalible. A veces el cerebro de la mujer también se equivoca, más que nada porque las "pistas emocionales" no son objetivas y eso es algo que siempre hay que tener en cuenta.

1. El don de los sentimientos viscerales

Los sentimientos viscerales no son estados emocionales antojadizos, sino fuertes sensaciones físicas que se encargan de transmitir mensajes potentes al cerebro.

A través de ellos, las mujeres se vinculan fuertemente con la pena de un adolescente, las dudas de su pareja sobre su carrera o la felicidad de un amigo que ha conseguido sus objetivos.

Esto, según Louann Brizendine, puede tener que ver con la cantidad de células disponibles en el cerebro femenino para captar las sensaciones corporales. Es decir, que el aumento del estrógeno a partir de la pubertad, agudiza la capacidad cerebral para seguir y sentir emociones.

De hecho, según algunos estudios, las áreas cerebrales que siguen los sentimientos viscerales son más grandes y sensibles en el cerebro de la mujer. Por eso, cuando ésta comienza a sentir algo en sus entrañas, ciertas zonas como la ínsula y el Córtex cingulado anterior, se activan.

Estas estructuras y zonas se encargan de prever, juzgar, controlar e integrar las emociones negativas. Por eso, si se acelera el corazón o se hace un nudo en el estómago, la mujer lo interpreta como una emoción muy intensa.

2. El don de la lectura emocional

El cerebro femenino suele tener la capacidad de averiguar rápidamente los pensamientos, creencias e intenciones de otros basándose en pequeños indicios. De hecho, según los estudios, las mujeres tienen una gran habilidad para evitar causar daño a los demás.

Se cree que esta aptitud es el resultado de la acción de las neuronas espejo, las cuales permiten observar, imitar y reflejar los gestos, posturas, ritmos respiratorios, miradas y expresiones faciales de otras personas.

El cerebro femenino es especialmente hábil en esta forma de "espejeo emocional", por lo que se podría decir que sus neuronas sobreactúan, estimulando así fuertemente la conexión sentimental con los demás.

3. El don de la capacidad para "aguantar el tipo"

Este punto, llevado al extremo, puede constituirse más como un peligro que como un don. Sin embargo, vamos a hablar de la parte positiva, la de sobrellevar las emociones y convivir con ellas adecuadamente.

Las mujeres son muy hábiles conduciendo su tristeza o su abatimiento, ya que, debido a la predisposición biológica, deben convivir de manera muy habitual con comunicaciones emocionales intensas.

Es decir que, si tal y como se muestra en distintos estudios, captan las emociones por comunicación no verbal en el 90% de los casos, obviamente tienen que convivir con ello de manera más habitual que los hombres, que LAS comprenden a través de gestos en un 40 % de las situaciones.

Esto hace frecuente que se considere la importancia de los pequeños detalles, de la atención y de la capacidad de escucha cuando algo va mal, ya que los cambios emocionales suelen ser percibidos aún con sutileza.

4. El don de la memoria emocional

El cerebro femenino recuerda las relaciones como una película entera y no por escenas. De hecho, las emociones se registran como recuerdos. La amígdala examina cada acontecimiento según su intensidad emocional.

En este sentido, se facilita la codificación y el almacenamiento de esta información, la cual se utiliza con sus diversos matices emotivos en el hipocampo, para darle forma a los recuerdos como si de una foto sensorial detallada se tratase.

5. El cerebro femenino convive mal con la cólera

A pesar de que las mujeres y los hombres declaran sentir una carga similar de ira, la manera de expresarla es muy distinta. En este sentido se ha encontrado una diferencia estructural en la amígdala (el centro del miedo, la cólera y la agresividad), la cual es mayor en varones.

Sin embargo, las zonas de control de estas situaciones (córtex prefrontal) suele ser relativamente mayor en nosotras. Asimismo, la cantidad de receptores hormonales de testosterona es diferente en unos y en otros. O sea, que el hecho de que una mujer se aguante el enfado no tiene solo que ver con las normas sociales y la educación, sino que puede ser debido a la tendencia del cerebro femenino a meditar las situaciones y prevenir las consecuencias de un enfrentamiento.

En este sentido, podríamos decir que tienden a añadir una etapa más al procesamiento de la emoción que contribuye a "darle vueltas" a la intensidad, a las causas y a las consecuencias, antes de desencadenar acalorados intercambios.

6. El don de la sensibilidad intensa

No es algo sorprendente que un gran porcentaje de personas altamente sensibles (PAS) esté formado por mujeres ya que, digamos que por mayoría, el cerebro femenino se alza (biológicamente hablando) con el liderazgo emocional. Sin embargo, cabe destacar que en este punto se articulan el miedo, el estrés, los genes, el estrógeno, la progesterona y la biología cerebral de tal manera que el riesgo a sufrir trastornos emocionales, como la depresión o la ansiedad, es muy alto.

Hay científicos que sugieren que la sensibilidad al estrógeno de la mutación, aumenta la vulnerabilidad del cerebro femenino al descompensar su equilibrio bioquímico en detrimento de un estado emocional saludable. Pero, es un hecho indiscutible que tiene una gran capacidad a la hora de trabajar y procesar las emociones.

Con la lectura de los seis dones o características que hemos expuesto, pretendemos que se comprenda aún mejor que cada persona tiene su realidad tanto física como psicológica y social, algo que, sin duda, nos confiere la capacidad de ser personas únicas, auténticas y genuinas.

CONSCIENTE
DE MIS EMOCIONES

Las emociones son un tema que estudié muchísimo en coaching, "la palabra emoción viene del latín *emovere* (mover hacia fuera) y hace referencia a lo que me mueve, lo que me pone en acción. Cada acción que yo vivo me predispone a una acción."

"Cuando tengo rabia, mi predisposición podría ser a castigar a otro; cuando siento agradecimiento mi predisposición podría ser a servir; cuando estoy resignado mi predisposición podría llevarme a no actuar; cuando estoy entusiasmado mi predisposición es a actuar; cuando siento tristeza mi predisposición podría ser a recogerme; cuando siento miedo mi predisposición puede llevarme a ocultarme o salir corriendo. Cada emoción que sentimos los seres humanos nos pone en una predisposición diferente."

Hay muchísimas emociones, pero nosotros sentimos muy pocas. ¿O será que no sabemos distinguirlas? Mientras que todo se define en sentirse más o menos bien, en coaching distinguimos las básicas: la alegría, la tristeza, la rabia, el miedo, el erotismo, la gratitud, la ternura.

Según Julio Olalla, la gratitud es la más revolucionaria que conoce. Se trata de la capacidad de despertar cada mañana, respirar, dar gracias por estar vivo. No hay intercambio, pero cuando la cultivamos es, simplemente, sorprendente.

La tristeza es una emoción que muchas veces negamos o de la que queremos escapar. Nos anuncia que perdimos algo importante y puede ser un acto profundo de aprendizaje si la visitamos y no la pasamos por alto. Cuando la sentamos no la apaguemos, dejémosla ser. Quiero focalizarme en este tema porque a veces está mal vista. Sin embargo, creo que es totalmente necesario pasar por ella, por el llanto, por sentirnos con poca energía y ganas de hacer cosas. Nos dice Olalla:

"La alegría, por su parte, tiene algo extraordinario. Desde el punto de vista fisiológico, es la emoción más sana en términos de lo que produce en el cuerpo. A su vez, hay otra, la ternura, que nos predispone a sentirnos seguros. ¿Han visto lo que hace la mamá con el nene cuando se golpeó?: "venga acá mi amorcito, póngase aquí" y le prodiga una muestra de cariño. ¿Se han dado cuenta de que eso sana todos los dolores del mundo? Bueno, nosotros dejamos hace siglos de aprender desde la ternura, lo hacemos solamente desde la inteligencia. La ternura tiene ese poder de hablar, de ser acogidos, de ser escuchados respetuosamente."

Por otro lado, Olalla también habla del estado de ánimo. Se trata de algo diferente. Es cuando nos quedamos pegados a una emoción, cuando vivimos en la tristeza o en la rabia, o en la resignación o en el resentimiento. Es decir que no importa lo que esté sucediendo, ya que mi reacción es siempre la misma. Pero para seguir hablando de este tema, tengo que profundizar sobre las emociones enraizadas, esas que aprendimos o incorporamos en algún momento de nuestras vidas, las cuales nos llevar a ser o actuar de cierta manera. Para esto, es necesario conocernos, evaluarnos, ponernos a prueba, tenernos paciencia y transitar todo aquello que sucede en nuestro interior para poder mostrarnos al mundo de manera auténtica, libre y transparente.

Cuando podamos transitar y vivir nuestras emociones tal como se presentan, vamos a sentirnos más libres y nuestra relación con nosotros mismos, y con nuestro entorno, va a ser más verdadera.

"Una vez que tomas una decisión, el Universo entero conspira para hacer que ocurra."

Ralph Waldo Emerson

Consciente de mis decisiones

Decisiones… ¡qué tema! La vida se trata de tomarlas ya que, cuando elegimos un camino, dejamos de lado otros. Es importante que cuando se sienta que todo está fluyendo de buena manera por el camino elegido, no dejar de enfocarse en esto, seguir firmes en nuestra elección. El hecho de sostener en el tiempo una decisión para poder lograr un bienestar a largo plazo, es algo que me costó entender. Pero, sin dudas, su aprendizaje me sirvió muchísimo.

Durante los últimos años, tomé decisiones tan importantes que hicieron que mi vida cambiara radicalmente. Como ya dije, decidí volver de Londres por temas familiares, dejar mi trabajo, lo que creía que era mi vocación, hábitos y costumbres. Pero todo ese proceso de transformación me llevó a estar hoy acá, dando clases de yoga, dictando talleres y escribiendo.

Sin dudas que no fue fácil, que tuve miedo de lanzarme a una nueva vida y que supuso un gran desafío. Haberme animado a expresar mis sentimientos, vivencias, experiencias y aprendizajes, fue una decisión que me dio muchos beneficios pero que, también, trajo consigo algunas desventajas.

El momento más difícil fue cuando falleció mi mamá. Recuerdo a mi mejor amiga tratando de acompañarme en esa situación, pero no sabiendo qué hacer, qué decirme. En esa época, ella tenía una ídola, una mujer a la que admiraba con pasión. Era la CFO de Facebook que acababa de publicar su libro *Option B*, en el que trataba cómo siguió después de la pérdida de su marido. Sentí una intriga inmediata y ese libro me atrajo. ¿Cómo podía atravesar semejante crisis teniendo uno de los cargos más altos en una de las empresas más importantes del mundo? ¿Cómo podía seguir con su vida y con la de sus dos hijos?

Mi amiga estaba convencida que leerlo me iba a hacer bien, que me iba a ayudar. Y así ocurrió. Fue una de las fuentes que más colaboró para empezar a entender lo que estaba atravesando, para comenzar a procesar todo lo que la falta de mi mamá significaría en mi existencia.

Esta mujer contaba que a partir de expresar en su cuenta de Facebook lo que le pasaba y lo que iba sintiendo, lograba sentirse más liviana. Sentía que poner en palabras todo lo que estaba en su cabeza y su cuerpo y hacerlo público, era una buena terapia. A través de este medio, su historia llegaba a muchas personas que también se encontraban en momentos difíciles de sus vidas. Ella se sentía muy apoyada en el intercambio de comentarios y mensajes con quienes la leían y sentía, también, que desde su lugar ayudaba y acompañaba a otros.

Esto me hizo pensar en la capacidad terapéutica de la escritura. Así, poco a poco, empecé a hacerlo. Primero, fue una actividad solo para mí. Escribía día a día en mis cuadernos y diarios íntimos. Anotaba absolutamente todo lo que me pasaba, no sólo lo que hacía durante el día sino lo que ocurría en lo más profundo de mi ser. Y un día sentí que quería compartirlo y elegí para hacerlo mi cuenta de Instagram.

Cuando trabajé en Londres, viví con una amiga. Ella tenía una cuenta de comida saludable y bienestar. Antes de que iniciara ese proyecto, lo habíamos planeado como algo en conjunto, pero no me animaba a participar. A pesar de que sentía que quería comunicar algo, estaba un poco insegura, no sabía qué contar, si hablar de moda o de algo diferente. Sin embargo, participaba como podía. Por ejemplo, ayudaba a mi amiga a sacar las fotos de las comidas que hacía. Generalmente, nos íbamos a algún parque a buscar buenas tomas mientras entrenábamos. Siempre volvía a casa entusiasmada, con ganas de empezar un proyecto propio. No sabía qué me faltaba para hacerlo, tal vez fuera seguridad, autoestima, fuerza. Pero, a pesar de todo, un día irrumpieron la idea y la decisión.

Una tarde, luego de dar clases de yoga, me junté con unos chicos para que me ayudaran a trabajar en mis redes sociales. Empezamos a grabar videos en los que mostraba mis flows y series de posturas. Al principio aparecía en cámara con algunas amigas

"Nunca cortes un árbol en el invierno. Nunca tomes una decisión negativa en los momentos bajos. Nunca tomes tus decisiones más importantes cuando estás de mal humor. Espera. Sé paciente. La tormenta pasará. La primavera llegará".
Robert H. Schuller

"No se pueden tomar decisiones basadas en el miedo y en la posibilidad de qué podría haber pasado".
Michelle Obama

hasta que empecé a pautar en Instagram. Rápidamente mi cuenta se llenó de seguidores interesados y mis videos generaban muchísimos comentarios. Aunque esto no me hacía sentir muy bien, ya que no estaba acostumbrada a tanta exposición, intuía que iba por el camino correcto. De esta forma, empecé a llegar a más gente. Tenía miles de consultas por mis clases y mis retiros se llenaban. De a poco, empecé a comunicar lo que sentía, primero citando autores o maestros de yoga, después, trayendo conceptos o enseñanzas de esta disciplina maravillosa y, finalmente, comencé a mostrar mi personalidad, experiencias y emociones.

Como parte de este proceso, fui dejando de subir tantos videos y me concentré en compartir mi experiencia en Bali, ya que allí me encontraba haciendo el profesorado de yoga. Fui mostrando todo lo que iba viviendo, lo que me iba pasando, los rituales que aprendía, mis meditaciones, la gente que conocía. Escribía como si se tratara de un diario íntimo. El primer post en el que hablé sobre mí surgió a partir del comentario de una seguidora que me decía que tenía una energía muy positiva. Mi respuesta fue la siguiente:

"Energía positiva

Hoy a la mañana me desperté con un mensaje muy lindo de una chica que decía que le gustaba mi energía y me inspiró a escribir sobre este tema.

Después de estar un mes en Bali aprendiendo yoga, trabajando con el presente, aprendí a estar cómoda con lo incómodo. Me refiero a esto, a que cuando estoy en mi mat aparecen dolores o desafíos… pero si me mantengo en el presente, consciente de la situación, a pesar de esta incomodidad puedo sobrepasar el dolor y crear una experiencia positiva.

Hoy a la mañana me desperté con un mensaje de mi hermana que decía que mi abuela está en una situación terminal. A pesar de que sea difícil mantenerse positiva frente a esta situación, todo lo que he trabajado y aprendido me permite sacar fuerzas y poner en ejercicio la positividad, ya que esta experiencia será seguramente motivo de crecimiento y transformación.

La vida es un proceso de cambio y tenemos dos opciones: fluir atravesando obstáculos y trabajar con este proceso natural o quedarnos estancados en la situación".

Poco a poco, empecé a recibir mensajes que me permitieron darme cuenta de que había mucha necesidad de hablar sobre estos temas. Me acuerdo que a partir de ese día en que me abrí públicamente por primera vez, después de cada desayuno me tomaba un ratito para escribir lo que me pasaba y volaba de inspiración. Estando en Bali, tan estimulada por todas las experiencias nuevas, me volví totalmente creativa y me animé a jugar con mi imaginación, pero más que nada, me dediqué a estar conectada con el momento presente, escuchando mis sentimientos y emociones.

Ese fue el principio de un camino que me fue llevando a una mayor exposición pública. Ya no publicaba solo fotos, fui incorporando videos y decidí expresarme y mostrarme con las palabras que salían desde lo más profundo de mi corazón.

La comunicación con personas que estaban pasando momentos de cambio, de crisis, de descubrimiento personal, es lo más lindo que me pasó y lo que me inspira a continuar. Siempre me interesó mucho la fotografía y comencé a imaginarme en diferentes paisajes que expresaran una buena energía. Así, incorporé a mi trabajo con las redes, el de un fotógrafo al que llamaba para llevarme un mejor recuerdo de cada lugar que conocía.

Otra de las grandes decisiones que tomé fue trabajar con Phillips Iluminación. Cuando me llamaron, no podía entender por qué se habían interesado en mí para contribuir con semejante empresa, pero fui la elegida. Me habían convocado para dar una clase de yoga ocular porque lanzaban un nuevo tipo de iluminación más saludable. Yo no sabía cuánto podía cobrarles ni sabía bien qué hacer, pero me tenía fe. Entonces, llegó el día en el que tuve que ir al Hotel Sheraton de Buenos Aires, donde me esperaban los representantes de la marca. Algunos venían de Holanda, otros de Japón y Alemania y yo estaba a cargo de una presentación. En uno de mis profesorados había aprendido algo de yoga ocular pero no creía que fuera suficiente. Por lo tanto, durante una semana traté de instruirme y averiguar sobre el tema de todas las formas posibles. Después de varias investigaciones y consultas a mis profesores y maestros, finalmente me sentía preparada para exponer ante un público.

Llegué a la Sala de Convenciones del hotel muy nerviosa. Había pensado en vestir algo con lo que me sintiera cómoda y que me permitiera moverme, pero, al mismo tiempo, quería lucir elegante, con tacos y el pelo prolijo y bien peinado. Me encontré con los directivos de Phillips de diferentes regiones del mundo y con periodistas de los principales medios. Y ahí estaba yo con mis ganas de convocar a toda esta gente a una experiencia diferente. Quería que pudieran conectarse con ellos mismos y relajarse unos momentos en medio de sus días de mucho trabajo y tensión.

Cuando miré bien la sala encontré que había una cabina de intérprete y los nervios me embargaron. Claro, había personas que no comprendían el castellano y me tenían que entender. Para eso, una persona se iba a ocupar de traducir mis ejercicios y mi conferencia. Comenzaba luego de la conferencia del director de marketing de Argentina. Cuando llegó el momento, sincronizaron mi micrófono y empecé. Todo lo que venía cargando se fue, los nervios bajaron y sentí una gran paz en el cuerpo. Me dejé llevar, fluí, confié y me entregué a mis palabras y a lo que ya sabía.

Ahora, pienso en ese momento y les traigo este posteo que creo ilumina lo que fue esa experiencia:

"No crecemos cuando las cosas se vuelven fáciles, lo hacemos cuando afrontamos nuestros desafíos. Hace dos semanas me llamaron de Philips y me dieron la oportunidad de exponer acerca del tema iluminación saludable por medio de una meditación y una clase de Yoga ocular. Gracias a mi profesorado de Yogaterapia pude hacerlo, pero realmente, fue un desafío hablar delante de este público. No creía que estuviera preparada para afrontar esto, me veía frente a todos los directivos internacionales de la marca y los periodistas y sentía mucha presión, estaba trabada pensando en que lo que iba a decir, no iba a fluir. Pero gracias a mi trabajo interno de meditación y coaching pude superarlo y me animé, vencí ese obstáculo y me presenté con la actitud que me vino en ese momento y sin darme cuenta de toda esta gente que estaba siguiendo mis ejercicios de yoga ocular, cantando el mantra "om" conmigo, aplaudiéndome y saludándome con un Namasté.

A veces vale la pena vencer los miedos internos, no pensarlo mucho y animarse a lo desconocido".

Y, así, a partir de tomar la decisión de exponerme, empezó mi camino en este proceso de dar pasos hacia adelante, a lo desconocido, a lo inesperado, a lo que tiene que venir. Comencé a decidir por lo que se va dando en el momento y no estoy pendiente de planificar el futuro en todo momento. Aprendí a mirar a mi alrededor, a pisar bien fuerte y a ubicarme en tiempo y espacio siempre enfocada en el presente.

No hay nada más satisfactorio que tomar una decisión por mí misma. Intuir que tengo que ir por ese camino particular, sentirlo y saber que estoy haciendo lo correcto, o al menos, lo que tiene más sentido desde mi punto de vista. En la vida tenemos que tomar decisiones que, muchas veces, no son fáciles. A veces optamos por seguir un impulso y, otras, somos más racionales. Una decisión consciente es una mezcla de ambos aspectos: racionalidad e impulso. La intuición es una parte fundamental de toda decisión, es lo que nos invita a dar ese salto de fe. Pero, también, es necesario evaluar las posibles consecuencias de cada paso dado, pensar cuál es la mejor forma de hacerlo y mucho más. Por eso, la racionalidad también debe estar presente para que una decisión sea tomada con conciencia y esté ligada con el momento presente.

A veces, nos dejamos llevar por impulsos y las tomamos apuradas, por lo que no siempre son las mejores o no son las que nos van a llevar a lo que realmente buscamos. Ayer, por ejemplo, conversaba con una amiga que me contaba que está empezando una relación con un chico que le gusta mucho. Últimamente, él le dice de verse por la noche, casi siempre solo para dormir y a ella le gustaría revertir esta situación. Eran tarde, ya habíamos comido y estábamos tomando algo cuando ella dijo que moría de ganas de escribirle. Sin embargo, más allá de que sabía que nada bueno saldría del envío de ese mensaje, estuvo toda la noche pensando en hacerlo y, poco a poco, las ganas y el impulso iban ganando.

¿Qué decisión creen que tomó? ¿Le escribió o no? Efectivamente lo hizo. Se fueron a dormir juntos y siguieron repitiendo este patrón aunque ella quisiera cambiarlo. Mi consejo fue que escuchara a su corazón pero que no hiciera nada de lo que después fuera a arrepentirse. Posiblemente, cuando tome una decisión, ya sea cambiar la rutina o generar un espacio para poder conversar sobre lo que sucede entre ellos, mejore la situación. Sin embargo, hasta que no suceda, va a seguir sintiéndose angustiada por no poder expresar lo que realmente siente por miedo a perder la relación que tienen. Siempre hay pros y contras, caminos más o menos fáciles, pero lo importante es enfrentar las situaciones a partir de la toma de decisiones.

Hay personas a las que les cuesta más tomar decisiones. Por lo general, son muy inseguras o indecisas. Recuerdo que cuando vivía con mis mejores amigas en Londres, aprendí mucho de una de ellas. Es una mujer totalmente segura de sus capacidades y de lo que podía lograr por sí misma. La admiraba y quería que me pasara lo mismo. A veces, hasta dejaba que decidiera por mí. Como vivíamos juntas, muchas veces teníamos que ponernos de acuerdo por cuestiones de nuestra casa y yo confiaba ciegamente en que ella resolvía por las tres, aunque siempre nos consultábamos todo. Admiraba que nunca mentía respecto a lo que tenía ganas de hacer o no. Todo lo hacía con firmeza y sin ninguna inseguridad o duda. Yo, en cambio, constantemente daba vueltas y vueltas antes de decidirme por un plan, un proyecto, una salida. Nunca lograba mostrarme firme.

Cuando volví a Buenos Aires, decidí que era momento de cambiar. Empecé a decidir todo por mí misma y sentí un crecimiento enorme. Tuve que enfrentar situaciones muy difíciles, tomar decisiones de adulta en temas referidos a mi mamá. Por suerte siempre estuve junto a mi hermana, atravesamos todos los momentos una al lado de la otra apoyándonos y respetándonos. Esto hizo que nuestra relación se consolidara e hiciera muy fuerte. Nos hicimos amigas y empezamos a compartir muchos momentos. Logramos establecer un equilibro en el que cada una estaba presente para la otra en los peores momentos. Mi hermana es muy resolutiva y puede definir todo de una manera rápida y eficaz. Por eso, me sentía apoyada por ella y ella por mí, porque trataba de aportar buena energía y mirar para adelante rescatando lo positivo de cada situación que se nos presentaba. Cuando se toman decisiones importantes junto a alguien, se concreta una unión única y especial con esa persona. Se crea una relación de complicidad en la que la confianza y el respeto crecen inmensamente.

"Que tus decisiones reflejen tus esperanzas, no tus temores".
Nelson Mandela

"Debes tener cuidado de no dejar que la duda te paralice, siempre toma las decisiones que tienes que tomar, incluso si no estás seguro de que es la decisión correcta".
Paulo Coelho

7 CONSEJOS PARA TOMAR BUENAS DECISIONES

Nuestra vida se construye a partir de la toma de decisiones, y la gran mayoría de las veces, no somos conscientes de la magnitud que cada una representa para lo que somos como personas y para nuestro futuro. A continuación, una serie de consejos para que se pueda tomarlas de la mejor manera posible.

1. Darse cuenta del poder de tomar una decisión

Antes de comenzar a tomar decisiones, se debe comprender lo que implican sus consecuencias. Cualquiera que se tome desata una cadena de eventos en movimiento.

2. Seguir nuestro instinto

Muchas veces, esperamos demasiado tiempo antes de tomar una decisión porque tenemos miedo de lo que pueda suceder. Es mejor aprender a confiar en nuestro instinto. Las intuiciones siempre vienen determinadas por una sensación de querer hacer algo. Quizás nuestros pensamientos vayan por el buen camino y sea momento de arriesgarnos por ellos. Hay que dejarse llevar y creer en lo que nos dice el corazón.

3. Reducir la gama de opciones

No sirve de nada tener varios frentes abiertos e intentar sacar lo positivo y negativo de cada uno de ellos. Cuantas más opciones hay, más exigen a nuestra capacidad para procesar información, lo que puede confundirnos, hacernos perder tiempo, aumentar el riesgo de error y dejarnos insatisfechos con nuestra decisión. Es mejor tener claros nuestros objetivos y eliminar las decisiones que no cumplan las características para llegar a ellos. Hay que quedarse con dos caminos diferentes y hacer una lista para saber cuál puede ser el mejor.

4. Tomar mucho impulso

Lanzarse a la piscina no tiene por qué ser algo negativo. Lo importante es tener seguridad en lo que vamos a hacer y mostrarnos convencidos de que es la opción correcta.

5. Evitar la presión social

Nadie es inmune a la presión social. Las opiniones de la gente que está alrededor nuestro pueden influir e, incluso, pueden llevar a modificar nuestros pensamientos. No dejemos que otros decidan cuál es la dirección que tenemos que tomar. Está bien aceptar consejos, pero no directrices. ¿Cómo evitar la presión social negativa? En primer lugar, si vamos a tomar una decisión sólo para complacer al jefe, por ejemplo, hay que pensarlo mejor. Y desconfiar de las situaciones donde las responsabilidades están distribuidas entre demasiadas personas; es cuando se corre más riesgo de tomarlas de forma irresponsable.

6. Apostar por lo que nos gusta

Es importante tener en cuenta que la decisión que tomemos esté fundamentada en algo que aporte una actitud positiva en nuestra vida. Es mejor que se decida hacer lo que nos gusta porque, aunque al final no salga bien, se tendrá la sensación de haber hecho lo que realmente queríamos.

7. Aprender a redirigir nuestros objetivos

Ten claro que tomar una decisión no significa llegar con ella hasta el fin. Si vemos que no da los resultados que teníamos pensados, no hay que desanimarse y debemos aprender a modificar lo que habíamos planeado. Hay que redirigir los objetivos y, sobre todo, darnos tiempo para volver a tomar la mejor decisión.

¿Cómo influyen los astros en las decisiones?

Somos nuestras decisiones. Cuanto más conscientes seamos, mejores podremos tomarlas. ¿Y cuáles son las mejores? Las que son acordes a nuestro corazón, nuestras energías, a nuestro propósito.

La astrología es el puente que decodifica ese plan mayor, el plan divino, que vinimos a desarrollar en esta encarnación en la Tierra. En la carta natal encontramos esa composición energética única y especial que cada uno de nosotros es y desde la cual observamos y afrontamos la vida.

Cada uno de nosotros es su carta natal: un ser energético complejo y lleno de potencialidades, latiendo para ser explorado, reconocido e incorporado. Por ello, el conocimiento personal, ese redescubrimiento interior, es la llave a nuestras potencialidades y a escoger un camino en el que seamos creadores, donde se elija desde la integridad y la certeza, y no guiado por el miedo, la inseguridad, los mandatos y contextos externos.

Para la astrología, "conciencia" es un término muy importante. De manera simplificada y lineal, se refiere a "todo lo que conozco de mí" y su asociación directa es con el signo solar, es decir, las cualidades que más conocemos de nosotros mismos y con las que nos identificamos fácilmente. El resto, "lo que no conozco de mí" que también se suele llamar "sombra" o "destino", es el inconsciente, representado, en primera instancia, por la luna. Ella simboliza nuestro mundo emocional y las reacciones automáticas que se cristalizaron en la psiquis al momento de la constitución emocional, y demás energías y funciones psicológicas de las que nos cuesta apropiarnos.

La ruta es incrementar la conciencia, iluminar, ver, integrar, habitar todas nuestras energías, para que al final del camino nuestro sol, nuestra identidad, incluya y exprese todo el Ser.

Cuanta mayor conciencia, mayor conocimiento de nosotros mismos tenemos. Conociendo toda la CN podremos tomar decisiones que nos den más satisfacción y plenitud, decisiones que no solo incluyan o cubran nuestras necesidades básicas, sino que contemplen también nuestros deseos y propósitos, que nos abran camino, nos lleven a compartir y trascender. Cuando compartimos nos hacemos eternos. Siendo lo que somos, seremos felices. Es el atajo.

Dicho lo anterior, si bien decidimos desde el estado de conciencia y conexión con nuestro Ser completo, veamos qué tiene en cuenta cada signo al momento de tomar decisiones, según Paula Bianchi, astrologa, coach ontológica y CPN.

Aries

La chispa de vida que inicia la rueda zodiacal decide fundada en su instinto, en su deseo, sin pensar demasiado ni registrar consecuencias. Le atrae el desafío, el llegar primero y no teme presentarse por lo que quiere. Cada oportunidad renueva su hambre de abrir caminos y lograr la gloria. No le gusta el "no", insiste hasta lograr el "sí". Confía en que todo lo puede resolver. Sería necesario registrar el efecto en sus pares y elegir mejor sus cruzadas.

Tauro

Necesita tiempo, no le gusta que la apuren, ni cambiar mucho. Quiere pensar bien las cosas antes de dar su palabra. Necesita procesar, ponderar, analizar la factibilidad, prioriza su seguridad material, tranquilidad y comodidad. Una vez que "pasó la situación por sus "cuatro estómagos" y decidió, se encomienda a la tarea con toda su concentración, fuerza y tesón hasta lograr su objetivo. Es muy importante valorarse en cada paso. Urano en Tauro (2018/2026) las va a revolucionar y acelerar, las veremos más osadas; irreconocibles.

Géminis

Le cuesta decidir, ya que siempre encuentra varias alternativas y elegir una de ellas implica dejar una variedad de caminos sin explorar de lado. Quiere estar en todas y no perderse nada. Lo pensará, compartirá con sus hermanos, pero tiende al "si" fácil. Su curiosidad, sociabilidad y ansias de aprender lo pueden. Además, sabe que cuenta con gran plasticidad y dinamismo para ir resolviendo todas las puntas que deja abiertas a la par.

Cáncer

Se va a su casa a pensar, a hablar con la madre y su círculo íntimo. Priorizará su seguridad, el crecimiento personal y el bien de la familia, los lugares conocidos, sentirse a gusto, la calidez y contención como las expectativas a largo plazo. Tiene muy presente "que todo pasado fue mejor" y eso a veces lo frena. También le cuesta irse de los lugares y situaciones donde "anidó", donde generó lazos afectivos y lo siente como su hogar; pero, sentidas y elaboradas, las decisiones las afronta con presencia y fuerza, haciendo crecer todo lo que toca.

Leo

"Que el camino sea con Corazón o no sea nada." Tiene en cuenta sus corazonadas, lo que le dictan, su nobleza y dignidad al momento de escoger. Quiere sentirse identificada con lo que hace,

respetarse y estar allí donde puede expresarse libremente, jugar y
reír. Prioriza poder crear y a sus hijos. No teme presentarse y captar la atención. Por el contrario, lo disfruta y alimenta. Atentas que
su cálido orgullo y ego pueden ser grandes aliados como grandes
trabas. Necesitan conectar con su Ser (el sí mismo) y decidir desde
allí, no buscando aplausos ni reconocimiento externo.

Virgo

¡Querrá organizarse! Necesita saber todos los detalles, armar un plan B, C y Z. Analiza pasos a seguir y consecuencias. Está atenta a la factibilidad, la eficiencia y las oportunidades. Se armará un Excell, para visualizar los escenarios
posibles. Con tanto grado de detalles en el análisis y buscando una ansiada perfección, les cuesta definir y se ponen
un poco vuelteras e inactivas, pero terminan inclinándose
por la opción más "razonable, práctica y sensata". Eligen la
opción que les permita pasar lo más desapercibidas posible.
Si no toma decisiones a tiempo o está preocupada, su cuerpo
se lo hará saber.

Libra

Bastante dubitativa, piensa mucho, ya que puede ver y sopesar
el valor y la belleza en cada opción, y a todo le encuentra una
ventaja. Prioriza los vínculos, la belleza, la armonía y los buenos
modales. No le gusta la pelea, perder las formas ni quedar mal.
Cuando no está conectada correctamente consigo misma y su
deseo, evita la confrontación en detrimento de expresar o decidir
por lo que realmente quiere y desea, Muchas veces deja de lado lo
que quiere solo por conformar y complacer a los demás. Sabe que
hay dos lados en la balanza, que hay distintas opiniones y se abre
a escuchar y conciliar. Su fuerte sentido de justicia y ética estarán
muy presentes en su pensamiento antes de decidir.

Escorpio

Extrema en su mirada, en su sentir y en sus decisiones. Puede ser muy analítica, regulada, obsesiva y sumamente estratégica. Su secreto al decidir es su gran percepción y posibilidad de ver a través de la piel e intenciones de los demás. Se guía por lo que siente, necesita atracción, pasión, misterio, desarrollar su poder, ambición e intensidad. Si escoge, se entrega al ciento cincuenta por ciento. Es fiel, dedicada y comprometida. No teme a la imperfección ni a los finales, los asume porque se da cuenta que son inevitables y traen un nuevo capítulo y que eso es la vida. Cuando decide, decide; No hay grises.

Sagitario

Tiene que darle sentido a todo. Debe resonar con sus creencias o no estará en su vida. Busca un camino que la motive, la desafíe, le de libertad y lo sienta como una nueva aventura donde pueda transmitir su mensaje, demostrar sus conocimientos, enseñar. Prioriza seguir formando y cultivando su mente. No le gusta sentirse atada, suele ser muy optimista e idealista y necesita reforzar siempre su confianza personal. Prefiere experimentar y sacarse la duda, no quedarse con la incertidumbre del "qué hubiese pasado si". Así acumula su sabiduría.

Capricornio

El gran constructor del zodiaco. Le encanta decidir y dar órdenes, pero cuidado con querer indicarles qué hacer. Influida por el deber ser, lo que la sociedad espera, está dotada de una gran dosis de exigencia y auto suficiencia. Vino sesteada para construir y dejar legado, será previsora, armará un plan que seguirá con persistencia y austeridad, sin pedir ayuda hasta lograr su objetivo. Es tradicional, disciplinada, da mucho valor a la palabra y a la puntualidad. Carga mucho sobre sus espaldas. Es muy realista y medida al momento de escoger. Prefiere la coherencia y el compromiso. Toma decisiones controladas en pos de ser exitosa, mantener su status, reputación y seguridad material. Invierte en proyectos o planes que aporten beneficios a largo plazo en detrimento del disfrute presente. Algo muy importante es que se hace cargo de las consecuencias de sus decisiones, hecho que da cuenta de que es un ser espiritual.

Acuario

¡Tomará Espacio! Si bien son muy abiertas, originales, racionales, desapegadas, humanitarias, de mirada objetiva porque sobrevuelan con su mente las situaciones, saben que la vida es cambio permanente. Suelen ser muy atadas a sus ideas e individualistas. Les cuesta cambiar la manera de pensar. Hablará con sus amigas, pero se tomará tiempo a solas y definirá según sus ideales internos más arraigados y auténticos procurando siempre tener libertad. Suele escoger las opciones que van contra la corriente, la milla menos recorrida por real interés, rebeldía o, a veces, por el solo hecho de llevar la contra. Incluyen el porvenir colectivo y de las comunidades a las que asiste en sus decisiones.

Piscis

No les gusta decidir, lo sienten como separar y dejar algo de lado. Son empáticas, sensibles, sabias, colgadas, idealizadas e idealizadoras. Se arman grandes expectativas y su propia película de las cosas. Es sumamente necesario que chequeen mucho la realidad con otros antes de definir. Ceden, ceden, se acomodan por exceso de comprensión, dejan los temas sin resolver. Fluyen como si el cosmos se abriera para resolver los problemas, pero no es así. Precisa atenderlos, darles entidad y escoger. Las piscianas suelen vibrar la energía de su opuesto, Virgo, por las que las veremos muy estructuradas y organizadas, chequeando la agenda antes de contestar para no caer en el caos y la simbiosis.

INVITADA: TINI DE BUCOURT

Ustedes saben que "actitud" viene del latín y significa acción. En la primera mitad de nuestra vida estamos muy ocupadas en cumplir con los mandatos familiares, por más modernas que seamos, hasta más o menos cerca de los 40 estamos muy ocupadas con ir al colegio, universidad, casarnos, tener hijos y armar nuestro hábitat estable para la vida. Pero después al llegar a la mediana edad, empieza la sensación de vacío... donde ya en algún lugar nuestro interior absolutamente subconsciente sabe que cumplimos con esta parte y llega la hora de encaminar la segunda mitad de la vida... En la segunda mitad de la vida no hay un listado que seguir, también nos damos cuenta de que ya no somos esa joven de 20 años que tenía todo su cuerpo en su lugar, su cutis liso, esa energía para cumplir sus deseos de la lista... y nos damos cuenta de que al ya no ser esa joven también viene acompañado algo muy fuerte que es que interiormente sospechamos; es hora de hacernos cargo de nuestra vida. Esta quizás es una de las decisiones más importantes, y entenderlo es superar la ambivalencia. Cada decisión implica ganar algo y también dejar algo. En esta segunda mitad donde no hay listado, nuestro subconsciente nos pide conectar de verdad con algo que nos gustaría hacer y nos llene de entusiasmo y alegría, y ahí tenemos un gran enemigo que somos nosotras mismas. Porque ya estamos en una edad en la que quizás nos da vergüenza sumarnos a actividades que se supone, es una creencia, que corresponde a una edad más joven. Decidir y tener coraje (coraje viene de "corazón"), poner en marcha aquel sueño que tenemos desde muy chicas, pero nos parece que, o no tenemos plata, o porque estamos muy grandes, o porque hay algo que me dice que no voy a poder, por lo que sea, nos impide realizar esto que te aseguraría una ancianidad sabia. No hay nada peor que quedarnos quietas y no hacer nada. Es la etapa en la que muchas mujeres se transforman en haraganas, porque justamente no hay listado... coincide con hijos en edad de adolescencia, cuando de verdad tenemos momento para reencontrarnos con nuestra pareja desde otro lugar, o emprender actividades que realmente queríamos. No hay nada más lindo para un hijo que la vida vivida de los padres, padres con vida. Ser una mujer o un hombre que realmente vivieron es un ejemplo maravilloso para los hijos. Es muy importante en esta segunda etapa, para no ser quejosos o demandantes, encontremos esa pasión por algo, que te llena de alegría... y te asegura que tus ojos brillen. A esta edad también viene otra gran decisión, que es limpiar el círculo de amistades. En la primera etapa quizás tenemos un millón de amigos, ¿no? Pero en la segunda etapa es muy importante tener tu familia del corazón, que son amistades de verdad, no limpiar y quedarse sin nadie... Sino amistades verdaderas, aquellas que también hay que nutrir con voluntad. Lo ideal en esta etapa es sentirte valiosa porque llevas a cabo con orgullo tu sueño, tener la capacidad de, de a poco y muy amorosamente, alejarte de personas tóxicas, tener vínculos comprometidos con tus amigas y amigos, esa es una decisión muy importante para sentirte plena y sentirte acompañada y no ser un peso para los propios hijos. Decidir y animarse a que no salga bien es una actitud acción de coraje.

No estoy hablando de tirarme a la pileta sin pensar, si, por ejemplo, pienso y llevo a cabo mi idea, mi proyecto junto con alguien, socio o socia y si no sale es otra vez un aprendizaje, pero es mucho mejor animarme a no hacer. El "no hacer" realmente seca a las personas. Por eso la palabra decidir es una palabra muy importante para mantenerte viva y además enamorada de la vida. Podés decidir ser una persona que se queda, entregada desganada, o ser una persona que se autodesafía, que ya no necesita el aplauso del exterior, solo el aplauso personal y estas decisiones son el motor para una vida plena. También hay otra decisión, y es que ya no voy ser una nena en la segunda mitad de la vida. No puedo cambiar a nadie, solo puedo trabajar en mí. La mejor profesión que alguien podría tener en su vida es ocuparse de sí mismo. Y acá, también hay una decisión para ser una mujer madura y plena, y es interiorizarte con lo que pasó en tu familia, para no seguir reclamando y pidiendo lo que quizás papá y mamá no te pudieron dar, es decidir también que puedes también llegar a ser tu propia mama y propio papá, y cuidándote, respetándote, y comprendiendo que tal vez ellos por la vida que tuvieron, no pudieron o no supieron.

DÉCIMO MOVIMIENTO

Consciente del momento

Un momento consciente, el milagro de todos los días

Aleja cualquier idea de "sentirte mejor",
aleja también tu concepto de "felicidad"
(de todos modos, la felicidad no
se puede conceptualizar).
Permite que cada sueño de
"paz" se desmorone.
Permite que la imagen de "cómo
debería ser este momento" se disuelva
en el silencioso suelo del ahora.
En vez de intentar llegar "allí" estate aquí,
por completo, con todo el peso de tu ser.
Siente tu cuerpo hundirse
en la generosa Tierra,
siente tu vientre subir y bajar
con cada suave inhalación.
Si hay tristeza aquí, déjala ser.
Si hay alegría, déjala ser.
Si hay adormecimiento, permítelo ser.
Si hay incertidumbre,
permítelo ser también.
Si hay alguna clase de vacío
indescriptible, déjalo ser.

Considera la posibilidad de que
no existe ningún error aquí.
De que no hay ningún pensamiento
o sentimiento indeseado,
nada de lo que aparece en este
momento está "en tu contra".
Sé lo que eres.
Sé ese vasto Campo, el Espacio infinito
en donde todos los pensamientos
y sentimientos vienen y van,
sin esfuerzo, de manera natural.
Deja de intentar llegar "allí".
Deja de intentar "sentirte mejor".
Deja de apresurarte hacia el FUTURO,
inclínate ante el PRESENTE,
exactamente como es,
conoce su sacralidad, siente su calidez.
Tal vez no te sientas "mejor"
inmediatamente,
pero te sentirás viva, enraizada.
Quizás no llegues "allí",
pero te enamorarás del AQUÍ,
que es todo lo que realmente es.

Jeff Foster

Gracias al yoga descubrí la importancia de estar conectada con el momento presente. No hay nada más sanador que situarse exactamente en donde nos encontramos, en el ahora: en nuestro cuerpo, en este preciso momento, en este lugar particular. Estamos donde tenemos que estar y no hay nada que en este momento pudiera hacer para salir del presente en el que estoy. No puedo volver al pasado ni anticiparme al futuro, sino permanecer y hacer todo lo posible para sentirme bien.

Después de varios meses de haber intentado establecer una relación de amor con una persona, me di cuenta de que no era sano ni para los dos. Constantemente recuerdo y pienso qué hubiese pasado si hubiese dicho una cosa u otra, si hubiésemos hablado de un tema u otro, si hubiésemos hecho este programa en vez de aquel, si hubiésemos viajado o si no hubiesen existido algunos problemas. La verdad es que no lo sé, pero ahora no puedo hacer nada para cambiar lo que ocurrió. Debo situarme en tiempo y espacio y sentir, sin querer pronosticar si vamos a encontrarnos o no en el futuro. Trabajo para abrirme al universo, dejar de querer controlar todo lo que me rodea y exponerme a la mágica sorpresa.

Parece sencillo, pero no lo es. Cuando digo "abrirme", me refiero a no establecer barreras y a aceptar lo sucedido en el camino como vivencias que debía experimentar para crecer y llegar a estar donde estoy en este presente, siempre pleno.

Posiblemente, todo lo que pasó me enseñó y mostró rasgos de mí misma que desconocía. Me ayudó a exponer mi vulnerabilidad, a trabajar la paciencia y a estar enfocada en el otro en vez de pensar siempre en mí.

Ahora, lo que me queda es confiar en que nuestra historia fue lo que tenía que ser. Mi mejor amiga siempre me dice "lo que sucede conviene" y, aunque tengo mis opiniones respecto de esta frase, creo que tiene una parte de verdad.

Cuando confiamos en nosotros mismos y en las situaciones que atravesamos, podemos llegar a ver de otro modo, a fomentar otras perspectivas. Al conectarnos con nuestro cuerpo podemos hacer que los pensamientos ocupen menos lugar para así poder sentirlos, transitarlos y fluir con ellos para sentirnos mejor.

Sé que parece fácil, pero claro que no lo es. Es algo en lo que hay que trabajar y practicar constantemente. Soy una persona muy racional; esa que comparte todos sus pensamientos con sus amigas y le da una y mil vueltas a lo que hizo o dijo, pero haciendo una pausa para conectarme con mi verdadera esencia, con mi cuerpo y con el tiempo presente. A veces, logro frenar el impulso de querer llamar a todas mis amigas para compartir con ellas algo que me inquieta y así poder escuchar todas las opiniones. No creo que sea algo que no haya que hacer, pero cuanto más transito lo que siento en soledad, confiando solo en mí y en el poder de conexión con el presente, mejor me siento.

Ahora bien, ¿qué hago para estar conectada con el momento?

1 Enraízo

Piso bien fuerte el suelo. A veces, me saco las zapatillas para que mis pies puedan tener un contacto directo y completo con la tierra desde el tobillo, pasando por los metatarsos hasta los dedos. La siento y me desconecto un rato de lo que sucede en mi mente. Particularmente, tengo una fuerte conexión con este momento.

Cuando tomo bien en serio ese enraizamiento, me tiemblan las piernas por un lapso prolongado de tiempo. Esto me provoca una inestabilidad que identifico claramente como reflejo de mi inestabilidad emocional, tema que trabajo en mis sesiones de coaching.

Es muy importante estar bien parada, sentir cada paso sobre el suelo firme cuando caminamos, hacemos ejercicio o cualquier actividad del día. Es sumamente necesario conectarnos con este momento sin teléfonos celulares o cualquier cosa que nos distraiga.

2 Cierro los ojos

Otra técnica que me ayuda mucho es cerrar los ojos y respirar pausadamente hasta sentir que el aire que inhalo por la nariz, entra hasta lo más profundo de mi cuerpo.

No es necesario hacer una meditación completa, ya que en un minuto o menos puedo realizar un registro completo de mi cuerpo.

Para ello, es necesario empezar recorriendo los dedos de los pies, subir muy despacio por los talones, pantorrillas, piernas, muslos, centro. Cuando llego aquí me conecto con él y me lleno de energía. Sigo por los abdominales, el pecho y los hombros. Los levanto, los empujo hacia atrás y los bajo como si fuese un circulo, una o dos veces. Sigo por el cuello y la nariz, inhalo bien profundo. Llego al tercer ojo y, finalmente, a la coronilla.

Es importante enfocarse en ella e intentar actuar desde allí. Si tengo algún cuenco cerca empiezo a hacer una sonorización. Si tengo velas o palo santo, los enciendo. Todos estos elementos permiten que me centre y me conecte conmigo misma.

3 Escribo

Escribir cómo me siento en un momento particular también me ayuda muchísimo. Hace muchos años, y desde que inicié mis profesorados de yoga, comencé este ejercicio de transformar y organizar mis pensamientos y sentimientos en palabras.

Al respecto, algo que me inspiró fue haber leído el libro *Plan B* de Sheryl Sandberg, CFO de Facebook, donde dice que una de las formas que descubrió para expresar y poner en palabras lo que sentía luego de la muerte de su marido, fue escribir diariamente en su cuenta de esa red social. Así, miles de mujeres pudieron conectarse y unirse por una causa común: expresar sus sentimientos y superar el dolor. Cuando conocí esta historia me sentí tan motivada que empecé yo también a explorar este medio de expresión.

Inicié el camino de la escritura a través de mi cuenta de Instagram, herramienta que no solo me ayudó a poner en palabras mis sentimientos y emociones, sino que también permitió que muchas personas se sintieran comprendidas, apoyadas y vinculadas a mi forma de ver el mundo. Así, cada sentimiento que quiero manifestar se hace visible en esta red social, a la que también subo una imagen que acompañe y complete el sentido de lo que quiero expresar. Este ejercicio siempre me da buenos resultados. Una vez que publico lo que siento, ese estado pasa y se transforma en uno nuevo, más liviano, más positivo.

Cuando hago retiros espirituales, siempre escribo y es impresionante la cantidad de emociones que aparecen al estar más en contacto con el cuerpo y con lo que pasa alrededor. Hago esto mismo cuando doy talleres, cada una de las chicas tiene su cuaderno en el que ponen en palabras todo eso que está pasando por su cabeza y por su cuerpo. Los resultados son siempre tan positivos que siguen desarrollando este hábito en sus casas, generalmente, antes de irse a dormir.

Estas son los métodos que he ido aprendiendo a lo largo de la vida para lograr "estar" en mi cuerpo, sentirme junto a mi ser interior y, así, confiar en mí, en lo que me toca vivir sin cuestionarlo en el momento presente. De esta forma, puedo estar abierta a las señales que me muestra el universo y leerlas como un mensaje para mi vida.

Muchas veces sentimos que hay un aspecto en el que no podemos superarnos y esto no nos permite avanzar. Ya sea el trabajo, las relaciones interpersonales, la comunicación con la familia, las amistades, cualquiera de estas áreas puede representar un conflicto que nos tiene siempre pensando en cómo resolverlo, en cómo salir adelante. El que no podamos encontrar la salida a esta situación puede hacernos sentir sus efectos en el cuerpo con malestares, hasta con una sensación de depresión.

Si esto ocurre, no se necesita controlar todo lo que está ocurriendo, tampoco pensarlo mil veces, ni mentirnos a nosotras mismas y simular que está todo bien.

Te cuento algunos tips que funcionan y son muy útiles:
- Reconocer que se quiere salir de esa situación.

- Focalizar tu atención al momento presente.

- Aceptar ese momento presente tal y como es, sin hacer diagnósticos sobre él o etiquetarlo de alguna manera.

- Luego de esa aceptación desprejuiciada, actuar y hacer todo lo que esté a nuestro alcance para salir de la situación problemática o para mejorarla.

Abrirse al universo y estar atenta a las señales que aparecen a simple vista.

A diferencia de las energías negativas que surgen de la bronca, la desesperación o la frustración, conectarte con el tiempo presente y con el universo, va a permitir liberar energías positivas, más livianas y sanas.

Ahora bien, ¿qué significa abrirse al universo? Sé que parece un poco irreal o fantástico pero, sinceramente, es algo que siempre me ayudó a encontrar respuestas y se volvió un canal por el que dejar ir todo lo que no me hace crecer, lo que me enferma.

Después de haber leído The Universe has your back, libro que significó mucho para mí, empecé a confiar en esta fuerza cósmica. La traducción del título al castellano es: "Libera tu presencia sabiendo que el universo te cubre", y esto se refiere a que cuando uno tiene en claro qué es lo que busca y puede aceptarlo, cuando uno se conoce y se aprueba tal y como es, está más conectado, no solo consigo mismo, sino con el universo.

"Las cosas pasan porque tienen que pasar", suelo escuchar muchas veces esta frase de la boca de personas de todas las edades y en diferentes contextos. Creo que cuanto más conectados estemos con lo que queremos, más vamos a provocar que eso suceda y que ese porvenir esté más a nuestro favor.

Ya dije anteriormente que soy una de esas personas a las que les gusta controlar absolutamente todo lo que va a pasar. Si, por ejemplo, estoy saliendo con un chico, quiero saber exactamente qué día y a qué hora lo voy a ver porque si no, no puedo estar tranquila.

Cuando estoy organizándome para trabajar también necesito saber cuál es el panorama de ese día y debo tener todo bien claro y organizado en mi mente antes de salir de casa.

Puede ser que todo esto tenga que ver con el hecho de haber vivido en Londres, donde la gente se organizaba un mes antes y tenía toda su agenda completa desde el primer día del mes. Pero, llegó un momento en que decidí que esto no era lo que quería para mi vida, no quería esa rutina tan demandante y de la que estaba siempre pendiente, aunque no quisiera.

Y así fue que me fui a hacer surf con mi amiga a Costa Rica sin saber cómo seguir con mi año. No tenía claro si quería continuar dando clases de yoga por todo Buenos Aires, corriendo de un gimnasio a otro, si dar clases particulares en casa, si dedicarme al coaching dando sesiones individuales. Realmente, no sabía hacia dónde quería dirigirme. Solo tenía el presentimiento de que iba a encontrar algo preparado para mí, para que explorara todo mi potencial y descubriera nuevas aptitudes nunca antes desarrolladas.

Durante este viaje, eran frecuentes las largas caminatas con mi amiga, momento en el que me replanteaba constantemente qué quería hacer con mi vida, pero, nada me quedaba en claro. Los días pasaban y ni siquiera sabía si quería quedarme más tiempo en Costa Rica.

Luego de muchos días de duda y reflexión, en los que tenía que decidir si extender mi pasaje o no, recibí una llamada de quienes me ayudan a promocionar mis redes sociales desde Buenos Aires. Me informaron que había una editorial interesada en mi perfil que me proponía que escribiera un libro en el que volcara mi sabiduría y la de mis maestros, contando mi historia relacionada al coaching y al yoga.

Inmediatamente, se me paralizó todo el cuerpo. Recuerdo exactamente ese momento: me encontraba sentada en un banco mientras veía a mi amiga Jan que volvía de hacer surf, estaba en shock, no lo podía creer. Era la señal que necesitaba para saber que ese año iba a ser distinto.

Cuando logré contarle lo que estaba pasando, realmente sentí una ilusión y un orgullo enormes. En ese momento entendí todo. Comprendí que cuando dejamos de calcular y razonar y estamos abiertos a sorprendernos, estas señales aparecen.

Tomé el mensaje que el universo me enviaba. Volví a Buenos Aires y, a los dos días de mi llegada, me junté con la editora con la que empezamos a planear el libro.

Este es mi presente, del que soy consciente a plenitud. Acá estoy, escribiendo el último capítulo. Es un trayecto que nunca voy a olvidar, es un sueño hecho realidad. Nada ocurre por casualidad en la vida, por lo tanto, no existen las coincidencias.

Cuando estamos receptivos y atentos al mundo que nos rodea creamos una apertura a la sincronicidad que podría ocurrir todos los días, No es coincidencia mirar el teléfono y que sean las 11:11, tampoco hablar de alguien y que te llegue un mensaje suyo, salir un día sin ganas y encontrarte con el amor de tu vida, que te llegue un trabajo sin buscarlo, o un libro.

Las invito a recibir las situaciones tal como se presentan, generando esta apertura a la causalidad.

La pregunta es cómo hacerlo, ¿verdad?

He aquí algunas pistas:

- Abriéndonos a nuevas oportunidades.

- Saliendo de nuestra zona de confort.

- Dejando que entren personas nuevas a nuestra vida.

- Dando segundas oportunidades.

- Eligiendo nosotros y solo nosotros

- Fluyendo y dejando que otros fluyan.

Nuestro momento es ahora.

¿Cuántas veces siendo niñas preguntamos en el auto de nuestros padres cuánto faltaba para llegar a un lugar? Eso es algo totalmente normal. Solemos querer adelantarnos a la situación en la que estamos, para llegar rápido a destino.

Planteamos muchísimas veces en mis cursos la idea de disfrutar el trayecto. Muchas veces, solo queremos llegar al final sin importar cuál sea ese punto de llegada y no nos preocupamos por vivir el proceso.

Debemos ser conscientes de que siempre que nos planteamos un objetivo, vamos a tener que atravesar distintas experiencias y superar etapas para cumplirlo. Por lo tanto, muchas veces, la más rica y potente es, justamente, la que queremos pasar de largo sin disfrutar.

Se trata de un proceso que permite conocernos en distintas facetas y que requiere que pongamos una dosis de esfuerzo, que seamos más tolerantes al cambio, que sepamos adaptarnos, que tengamos humor. Incluso, si ese trayecto nos lleva a sentirnos frustradas, incompetentes o tristes, hay que resistir y comprender que cada paso dado es valioso porque nos acerca a la meta soñada.

Si se quiere correr una maratón, hay que saber que es necesario un largo trayecto de entrenamiento hasta convertirlo en un hábito. Se tendrá que entrenar para sumar más y más kilómetros recorridos cada día y así llegar a la meta propuesta. Claro está que esto puede requerir mucho tiempo. Entonces, ¿por qué no salir a disfrutar de cada kilómetro logrado incluso sabiendo que algunos días no se va a tener ganas de querer correr o no se va a poder? Es posible que haya semanas en las que sólo se entrene dos o tres días porque el cuerpo nos pide un descanso. Pero, también, se va a notar que de a poco la resistencia va a ser cada vez mayor, y nos vamos a sentir más cómodas.

Lo importante es disfrutar de cada uno de esos logros y "fracasos", disfrutar de estar cansada, incómoda, de no tener ganas, como también de cada kilómetro superado.

Soy feliz y vivo plenamente el día a día de mi nuevo estilo de vida aunque, claro, hay cosas que me gustaría que fueran distintas, por ejemplo, que ya estuviera publicado mi libro para poder preguntarles cómo se sienten leyéndolo, qué les está generando...

Me costó muchísimo posicionarme en el mercado del yoga, que me llamen para dar clases, que me elijan. Para eso, tuve que correr por todo Buenos Aires dando clases para que me conociera. Tuve que estudiar y estudiar. Pensaba que, al tener más experiencia como aprendiz, mejor me iba a ir y conseguiría más herramientas.

En vez de dar tantas clases, fui buscando y diseñando mi camino estando siempre atenta a los emergentes. Hubo momentos difíciles en los que sentí mucho estrés y nervios. Dudaba de toda la situación y de mí misma, pero, gracias al yoga que me mantenía conectada conmigo misma, pude confiar en que todo iba a salir bien.

Sé que me queda un camino larguísimo por recorrer pero, ahora, escribiendo estas páginas, puedo decir que me siento muy relajada y soy consciente, una vez más, de que cuando confío en el universo, todo fluye y resulta de la mejor manera.

Algunas personas basan su felicidad en la meta, pero ésta debe estar basada en el trayecto que tomamos para lograrla. Por eso, ahora les pregunto:

¿Cuál es una meta importante en su vida?

¿Están disfrutando del proceso para llegar allí?

Muchas chicas llegan a nuestros retiros con ganas de hacer un cambio de carrera. No saben exactamente qué es lo que quieren pero desean salir de ese momento de insatisfacción para instantáneamente situarse en un panorama de bienestar. Sus miedos tienen que ver con enfrentar el momento de renunciar, de no tener un cronograma y organización, de lograr comprender qué quieren hacer y, finalmente, empezar a hacer algo que las motive. Les gustaría encontrarse en el momento mismo de iniciar un proyecto nuevo y motivador sin tener que pasar por todo el proceso de renuncia, de dejar atrás.

Se imaginan felices, exitosas, con energía por el nuevo rumbo tomado. Sin embargo, las frustra pensar en los pasos previos a ese instante. De nada sirve apurarlos o intentar saltarlos. Es importante transitar cada uno de ellos para poder valorar más el resultado y para planearlo estratégicamente, evitando fallar.

A veces, cuando comparto fotos practicando yoga, algunas personas me dicen que quieren empezar su práctica para poder lograr alguna figura compleja como pararse de cabeza. Mi respuesta es siempre la misma: para lograrlo se debe llegar a un estado físico y corporal que lo permita y que se conforma de muchas aristas y niveles: equilibrio, flexibilidad, atención, fuerza y conexión. Esto se logra a través de la constancia y puede llevar uno, dos o tres meses de práctica o, incluso, un año. Lo importante es asistir a las clases sabiendo que cada encuentro y asana aprendida va a ayudarnos a lograr lo deseado.

Otro tema que me preocupa a la hora de vivir el momento presente es apreciar el paisaje natural que nos rodea. En Mar del Plata, cada vez que llega la primavera, los árboles transforman su color: las santa rita están en su mejor versión y los jacarandás florecen con ese color violeta pastel tan particular.

Aunque parezca increíble, a pesar de haber vivido rodeada de tanta belleza, empecé a apreciar estos detalles hace muy poco. Es por esto que trato de que todas, ahora, puedan observar lo que nos rodea, estoy segura de que se van a sorprender.

Tal vez, podamos despegarnos de los pensamientos, del teléfono celular, y nos gane el perdemos en la contemplación de nuestro entorno.

7 TÉCNICAS PARA SER CONSCIENTE DEL MOMENTO

Por Cesar Piqueras

1. Antes de encender el auto, hagamos un par de respiraciones y seamos conscientes de que vamos a empezar a conducir. Recordemos tomar y expulsar el aire por la nariz y que sea una respiración abdominal.

2. Cuando le demos un abrazo a alguien, no lo hagamos de forma convencional. Tomemos conciencia del momento, se debe sentir como nuestro cuerpo y el de la otra persona, entran en contacto por unos segundos. Respiremos y disfrutemos.

3. Cuando nos duchemos, notemos como el agua caliente relaja cada músculo de nuestro cuerpo al pasar sobre la piel.

4. Cuando salgamos a la calle, frenemos y notemos la brisa del aire en nuestro rostro.

5. Meditemos cada mañana al menos 5 minutos.

6. Cuando hablemos con alguien, pongamos toda la atención y presencia al servicio de la otra persona. Quizás seamoss el único/a en el planeta con la que se sienta escuchada.

7. Prestemos atención a las formas, a los aromas, a todo lo que existe a nuestro alrededor y expresa belleza. Hay miles de flores que no vemos ahora mismo, cientos de formas maravillosas, texturas increíbles que todavía no hemos tocado, aromas sutiles que nos podrían transportar a la infancia.

MI SANTUARIO

Cuando estoy en contacto con mi santuario logro situarme en el momento y conectarme conmigo, no importa donde esté.

Muchos se preguntarán qué es un santuario. Se trata de una serie de objetos que tienen valor para una y que conectan con un momento, con una persona, con un sentimiento que te gustaría no olvidar nunca, o que nos trae plenitud y bienestar.

En mi caso, siempre llevo un mala, un collar que se utiliza para meditar. En mis profesorados me regalaron varios y siempre tengo alguno conmigo, no importa si estoy de viaje o en mi casa. Otro elemento muy importante para mí es una piedra que me obsequió mi mamá con la figura de mi signo del zodiaco, Leo. También, tengo otra piedra que me regalo mi papá, un caracol que me dio mi hermana, otro de mi profesora de yoga y una foto familiar. Con esos objetos enraízo. Los ordeno en la mesa de luz y, sea donde sea que esté, me siento en casa, en mi lugar, en mi santuario.

Siempre me gusta colocar caracoles en él para que me conecten con el mar y me hagan sentir cerca del deporte que tanto amo y de mi ciudad.

Las piedras también son muy importantes, porque siento su poder y, dependiendo del color, poseen distintos significados.

Otro elemento que siempre tengo es el palo santo porque me permite sentir mi cuerpo y centrarme en tiempo y espacio.

En mis círculos conscientes, en los retiros, armamos un altar con velas, flores, piedras, y cada una de las participantes suma lo que la hace sentir conectada. Tratamos de que siempre puedan vivir esta experiencia para poder repetirla luego en sus casas.

Las invito a que armen sus santuarios como una forma de finalizar el trayecto de este libro.

¿Qué fotos nos gustaría tener?

¿Qué recuerdos y momentos queremos tener siempre presente?

¿Nos gustaría guardar alguna carta? ¿Alguna postal?

Posiblemente no se tengan estos elementos en este preciso instante con nosotras pero, de a poco, los podemos reunir para armar nuestro espacio sagrado, el que nos permite conectarnos con el ser interior.

Gracias por haber transitado con interés por las páginas de este libro. Espero que mi camino les permita poner luz en la búsqueda vital y esencial. Compartimos este momento presente y me siento afortunada por ello. Cuando dos vidas se tocan, quedan por siempre unidas y el universo lo sabe.

¡Namaste!

Índice